素人時代

U0093875

職場社會各行各業最貼近人的經驗實錄
看不同職人現身說法體會生涯真實面貌

偶像名人時代已過～

現在唯有務實才能得以因應未來
未來的舞台，即將會由更多素人來綻放！

洪承欣Loki、林芯慧
莊詠安Katy、簡肇佑
楊皓霖Henry ◎ 著

【序】
學習創造不可能與可能

　　在台灣我們提到成功企業家的典範，不外乎就是郭台銘、張忠謀、王永慶。而擴大談到商業模式、創業、經營理念、管理智慧......等等成功的故事和成功企業家，大家一定都會再提馬雲、佐克伯、賈伯斯，全球科技帶動我們網路通訊發展飛快的進步，也因此現在資訊發展快速，市場比以前更加廣闊，也更加的多元、多變，他們三位便是最關鍵的人物。

　　在當前的產業驟變下，每個人都面臨挑戰，每個人也都想在現實之中找機會，同時也正在激烈競爭的環境當中創造新夢想。可是現在要想「功成名就」，你說唸書，就算唸到博士又能怎麼樣？你說創業，就算開了公司、開了店，也未必會有客戶上門？......那麼誰又已經真正成功，

可以教你「現在的成功學」呢？

　　所以當我們回頭要跟偉大的專家、名人、成功人士求取經驗時，結果卻發現效仿學習前人的成功經驗，套用於現今這個時代已經不可行了，大家對於未來充滿著茫然與內心的焦慮，於是這才發現，原來專家明星的時代已經過去了！

　　現在已是素人當道，現在正是「素人新時代」，現今想要走出自己的一片天，就要向「和自己一樣」的平凡人取經，跟著以往偉大名人的成功學已經沒有辦法找到「新絲路」，只有踏實地跟自己一樣的素人一起學習、一起實做，才有真正一起成功的可能。

　　而這本書真的能夠有效解開你對現代競爭的恐懼、焦慮，充實你的知識見聞，平均花不到一杯咖啡錢，就可以看到不同行業的人將他們如何謀生，以及為什麼選擇吃這行飯的點點滴滴……畢生的經歷和體驗，濃縮整理出最精闢的重點與精髓，在本書中一一告訴你。當你看到愈多、

視野愈廣闊、愈有智慧知道怎麼學習、怎麼做，便會產生勇氣，不再害怕面對困難。

　　集合閱讀多位素人的世界，你真的可以在這本書裡，有很效率地看到每一位素人最務實的成功思維及做法，追隨他們的腳步，他們行、你也可以！

目錄

PART- 1

為素人拼經濟的品牌秀場

職家管理學

Henry 楊皓霖

　　在一般人的眼中，我應該就是一個典型的 90 後年輕人，這個世代與傳統的世代有很大的不同，我也會有很多自己的想法，別人看不懂，不過在我自己的腦海裡頭，我則很明確的知道我在想什麼，要的是什麼！

　　我很感謝我的父母，不會像大多數的家長一樣強迫要求自己的子女一定要做什麼、做什麼……而能夠真的讓我可以「做自己」。

　　同樣的，有許多年輕追夢的創業者，我希望也能幫他們找到一個可行的方法可以勇敢「秀自己」！

1-1
反骨的經濟思維，不計算金錢數字的效率生活哲學

　　在我的日常生活當中，有我自己的一套生活哲學，對許多一般被大家所認為的一些小瑣事，我都有一個屬於我自己的經濟邏輯，想的跟人家有很多不一樣。比方像是剪頭髮這件事，我就可以分析出一種所謂的經濟學理論，這套理論可以讓我自己很清楚地決定什麼時候該理頭髮？多久理一次？一次要把頭髮剪多短？……這跟我們平常多久洗一次頭？用什麼洗髮精？……等等因素都有關係。

　　而這種生活上面的小事情，每次我把它變成一種經濟理論或經濟思維跟別人說時，我都會看到別人臉上顯出相同的一種訝異表情，這種表情我能想像你現在也有，當你看到這個「理髮經濟哲學說」，你心裡的 OS 一定是：「這是啥碗糕啊？」

　　沒錯，我就是學經濟的，大學念的是台大經濟系，研究所也是念台大的商研所，在別人眼中應該就是屬於商業領域的一個高材生，談的經濟理論，照說應該都是與金錢或是商業模式相關，但我的經濟理論反而不是錢，倒是如我前述的這些日常的生活經濟，其實還比較類似像哲學，思維邏輯和錢一點也沒有關係。

　　但，如果把我的這套生活經濟哲學，讓大家稍微能夠理解，現在有一個大家常說的所謂「CP 值」，就很貼近我對於生活經濟哲學的這種解釋，因此若要把我的生活經濟哲學與我在校所學的經濟學科，硬要扯上關聯，或許這也稍微解釋得通了！

我對於生活瑣事的一些經濟思維雖然跟錢沒有相關，但是卻對於所謂的「效率」跟「效益」有絕對性的關聯，包括我在學習的過程中，別人可能以為我天生聰敏，看我平常沒什麼在用功讀書，心力全花在其他玩樂或課外讀物上，成績卻依然很好。其實這也是我認知了一種經濟哲學，那就是「上課就是要在上課的時候把課業聽懂」，如果上課沒把課堂上的內容弄懂，另外還要再多花別的時間重新搞懂，甚至花錢、花時間去另外補習，那就完全不符合經濟效益，下了課，其他時間本來就是要用來做其他的事，再用來重複做上課該做的事，就代表沒有效率，因此我在上課時就一定專心聽講，把該弄懂的，在課程內容講述的當下，就真正弄懂；之後下了課，也就不需要再花其他的時間再去重複做課業上的精力和精神花費。

　　所以別人看我下課的時間都在玩、做我自己想做的東西，總說我天生的資質好，但我並不這麼認為，我只是很「傲驕」的知道我要什麼、不要什麼罷了！

1-2
「職家經濟」哲學，職場成就和家庭和樂是正相關

因為課業成績理想，不需要父母擔心，相對爸媽很放心，我愛做什麼就做什麼，他們也不太需要特別來管我。我從學習效率上得到課業成績的表現，相對是我爭取到我個人的獨立自由，這也就是我在學習的過程中去了解怎麼樣可以讓生活獲得最大的效益，而不是把時間資源耗費在重複的功課和重複的動作之中。

職業、家庭兩者皆不可或缺

　　這一點，在我的大學論文之中，我也以一個類似的主題，把它做了一個非常詳細的分析，我做的題目是有關於家庭和職業的成就是否有正相關？也就是所謂的「職家關係」，多半的人會認為如果一個人的事業成功，那麼家庭不一定會美滿，這種觀念通常會認為家庭、事業難以兼顧，所以只要一邊得分高，另一邊的分數就會被犧牲，所以職業跟家庭的關係很像一個蹺蹺板，如果單方面的成就高的話，另外一個部分就可能會低。

　　而我的論點則是職業的成就愈高，就愈能夠提升家庭的美滿的程度，相對的如果家庭氣氛愈和諧也能夠帶給一家之主在事業經濟上的成功。「職家關係」的結論是，職業成就與家庭美滿兩者之間是正相關的，因此我們不論在

自己的職業生涯或者是家庭的關係，都不能夠去單方面的忽視，如果一方可能有所缺陷，它或多或少都會影響到另一方面。

就像是先生事業不好，太太因家計擔憂煩惱，多少又會抱怨造成先生的壓力，那麼家庭關係緊張，久而久之也成為「職家關係」的負面循環。換一個角度來說，如果家庭和樂，是給予家庭經濟支柱最大的安慰與動力，於是在職場上的表現也會展現活力與自信，自然而然也會獲得正面的回饋，而這種在職場上的成就又能夠再帶給家庭有形或無形的愉悅。

因此這看不見的「職家關係」哲學，其實也是一種社會經濟學，如果實際想提升我們的事業成就，那麼把心用在我們最容易影響和改變的家庭關係，相對達到為自己事業有所提升的成就，這也是最具有經濟效益、「CP值」最高的一種「職家關係」的正向決策！

「職家關係」落實，生活才圓滿

　　我所關注的「職家關係」其實也存在落實於我自己的生活經濟哲學之中，因此回到為什麼從小我的功課就一直很好，因為我不喜歡爸媽一直對我嘮叨、一直管我，我所知道的只要是我的成績好，他們就沒有理由可以嘮叨我或是管我，那麼我可以愛做什麼、做什麼！於是，我在上課的時候就一定是專心、認真把課程內容搞懂，功課做完就有剩下的時間是可以做我喜歡做的事，沒人管我，我又更樂了，因為把書讀好，對於我的時間和自由有正向的效益循環，我就更想儘辦法以更高效率的方式把書讀好！

　　「職家關係」代表的是職場成就與家庭氣氛的正相關，因此當我還是學生的時候，職業就是學生，課業成績

就是我的職場成就，所以我的學業成績好，我和爸媽的關

係也就不會有所衝突；爸媽愈是對我放心、用鼓勵的方式

對待我，我就愈表現得更好！

1-3
微農小商各主一格，
格格相連聚落成趣

　　也因為我發覺生活經濟上的效益是非常重要的，所以當我看到市場社會資源有一些不經濟的情形，我就會去想是否有一些更好的市場經濟模式，或是工具可以幫忙協助，讓所謂的市場經濟效益能夠發揮的更大。

　　特別是許多微型的商家，每一個個體其實都具有一定的資源，但是卻很零散發揮不出集合的效益，不論是傳統的小商舖，或者是現在年輕新創 SOHO 族，因為相互之間沒有被看見，反而因為資訊的落差、時間的等待，彼此都

交集不到，而浪費了它們原本可以發揮出的有效效益。

　　說直白一點就是這每一個小小單位的商機原本可以賺到卻沒能賺到，每一個一點點的效率流失，彙集起來其實是很龐大的一個經濟的數值，想像起來真的很可怕，實際我會覺得很可惜！

網路格子趣的起點出發

　　今天我們看到不管多麼龐大的企業體，它在最初也是從最小最小開始的，所以每一個創業和創夢者所賣的是什麼？它一定有它的經濟價值存在，我們怎麼樣去看到？

　　就消費者來說他看到的可能是他需求的商品；就投資者來說他所看到的是一種商業型式的商機。至於會不會促使後來的行動，也就是真的去買或是真的去投資，達成實

際交易的結果出來，重點是在交易的雙方有沒有「看到」與「被看到」？

　　我的起心動念實際行動，也是由最初的一個起點而開始，不論成熟或是不成熟，創業總是必須真正「出發」之後才會去談到所謂的成不成熟。既然主旨是要做一個「被看到」的商機，於是「網路格子趣」便是我從經濟互助資源的發想而創意出的一個「品牌經濟」商城。

　　大家可能普遍知道有一家實體店面的品牌就叫做「格子趣」，它是以空間分租的概念讓不同的商品可以上架，協助這些小規模的商家能夠透過「格子趣」的實體店面來販售他們的商品，而「網路格子趣」也就是類似這樣子的一個概念，希望協助許許多多小規模的商家或是 SOHO 族能夠將他們的商品與服務在網路上面透過這種協助來曝光銷售。

創業發想

　　「網路格子趣」最開始的起源發想是因為我的一位盲人朋友，沒錯，就如同一般人的聯想，盲人如果要能夠自我獨立，他所能夠以及最合適的技能發揮就是按摩的工作，但是一般按摩的工作好像都集中於門市按摩的店面，只能夠被動等待客戶上門，而我就在想，如果工作的技能大部分都是花在被動等待上，那麼就時間效益來說有很多是無效的空轉著，那麼按摩這種專業的服務是否可以化被動為主動，透過行銷的方式推廣出去，而不是單單只是在按摩店裡頭等客戶上門？

　　當我有了這種經濟效益的思維發想，也就同時思考可不可以透過網路來去協助朋友推廣他的專業服務。

　　在此同時，我另外一位朋友在實踐大學唸服裝設計，

她能夠幫別人設計服裝，為別人客製化設計服裝，也可算是一位新銳服裝設計師，但她這種客製化服裝設計的專業，似乎又因為「量」的經濟效益規模，不可能進到實體店面，更何況要如何接到大單？她的問題也是困在、難在沒有好的行銷管道可以協助推廣。

所以「網路格子趣」的成立，其實也是因為我看到了市場上的行銷效率和資源的不對稱，思考應該要如何才能夠把它優化而成立的。

「行銷資源不經濟」的痛點

我發現現在的通路市場，大多數的商品都已被量化、規格化了，因此市面上所能夠接觸到的商品都大同小異，

然而有很多有特色的、或是具有創意的商品，卻因為無法量化，也因規模限制而無法呈現在一般通路上，消費者根本看不到。這是行銷面在經濟效益上的痛點，也是問題，難就難在兩個部分：

◆　「小規模」與「非實體商品」

　　第一個部分也就是「小規模」，這些 SOHO 族和客製化的少量產品及服務如果要按照一般的市場平台來去做銷售的話，它的行銷成本相對會非常的高，是這些 SOHO 族及小老闆們所無法負擔的，如果真的按照正常的平台來銷售商品，不是商品的價格必須要提高，就是單一商品的利潤會變成非常的薄。

　　第二個部分就是商品性質，如果是「非實體商品」，像是技術性或服務類的商品，一般的商店平台，是實體店面或者是網路平台，服務、技術性的非實體商品，因為沒有實物可以陳列或是用照片來展示，也就很難在一般的平台上呈現。

解決市場存在的痛點就是商機

　　交錯這「小規模」以及「非實體」的這兩種商業型態的行銷經濟活動，要如何在市場上呈現有效率的經濟規模，並保有它合理的利潤？也就是「網路格子趣」結合共同多數的小規模去累積成一個具有商業經濟規模的型態之後，才能夠去取得行銷上面的共同資源，進而分擔在行銷廣告上的成本，又能夠保有它原本的商機，這是一個非常聰明的 idea。

　　但有趣的是，在開始發想這兩個案子，希望服務的對象是盲人的推拿服務以及服裝設計師的客製化設計，結果這兩個商品並沒有真正上架，反倒是後來地方偏遠的商家，像在雲林最東部的石壁鄉，自己栽植咖啡豆的小農，將他的咖啡豆上架在「網路格子趣」；還有像是 SOHO 藝

術家將它的手工藝品、紙雕之類的實體商品上架於「網路格子趣」……但也因為如此，我看到必須走出「行銷資源不經濟」困局的，在市場上還有兩個對象：

◆　「少量」與「偏鄉地區」的商品

　　原先不僅僅只是就「小規模」以及「非實體」的技術或服務類可以成為我的客戶，其實以商品「少量」或是地區「偏遠」的商家都可能是非常適合在「網路格子趣」上架，「網路格子趣」解決的不只是數量上的不經濟，也解決了時空上的不經濟。

1-4
成就素人的經濟，可以是新時代年輕人彰顯的力量

　　把一種年輕世代的創意和資源做整合，「網路格子趣」可說是我在行銷上發揮我對於生活經濟的哲學，實際落實在商業的應用之中的一個舞台秀場。在生活上可以體現一個新的品牌印象，讓這些賣家以及他們的商品可以被看到、被發現。

　　雖然共同參與的賣家目前還不多，可是當中的每一個賣家也都像我一樣，充滿著年輕的理想和抱負，不僅僅如此，每一個賣家都具有相當的才氣，或許當前市場的經濟

因為「規模體」的競爭，容不下我們擠上舞台，但是我們仍然能在一定的角落綻放花朵。

如同其中「無二的藝術創作」的商舖，在網頁上這樣的陳述～

無二的藝術創作
在台灣的每個角落都有著許多
有才有藝卻無處展現的庶民達人
沒有名氣，讓「展出」變成遙遠的冰冷

創造市場價值更是遙不可及
而今，網路格子趣讓各種創作的庶民達人夢想成真了
展售的所有商品都出於達人的手工創作
沒有任二個商品是完全一樣的

這些達人有還在學的大學生
有內涵無限的氣質美女
有全心投入社會服務的志工（創作是她們最好的休息）
有帶著學生創作的中學老師...
背景殊異，唯一的共同點就是

沒沒無名，但才氣十足！！

　　坦白說，目前經營產出的營業總量雖然不大，但它聚集了以上、這些默默無聞的素人賣家存在著，而當大家以為他們和我一樣都是純粹的創業家之際，尚沒有相當的經濟規模以前，如何生計？理想可以撐多久？其實，這當然並非是我們表面上所看到的而已，從最初「網路格子趣」的賣家和創業家，包括我自己本身，不光只是單靠這個來全職謀生，我們共同交會的特點其實是一種「兼職創業」的精神。

　　就如同我是「網路格子趣」的創辦者，但我本身正職卻是在趨勢科技公司擔任一個軟體工程師，能夠兼顧自己的本業又能夠在網路的平台開闢實際的創業舞台，幫助更小的 SOGO 族、創業家，總歸起來也是驗證我的一個生活經濟哲學，如果自己的職業能夠做得很好，那麼家庭也能夠圓滿，當事業和家庭兩端都圓滿的同時，我其實就有更多的時間及精力可以去發揮我想做的事。

　　因此我真的很感謝我的父母，不會像大多數的家長一

樣強迫要求自己的子女一定要做什麼、做什麼⋯⋯而能夠真的讓我可以「做自己」，讓我能把我多餘的時間和心力，貢獻在一個新創的品牌事業上。

　　現在新世代年輕人，面對社會或許充滿著許多的茫然或恐懼，我或許無法改變整個社會和經濟，但我和你們一樣年輕，我願意分享我的經驗與想法，透過我的故事和我的理想，希望可以引領您去思考、去選擇，決定自己能夠去「做」些什麼！

1-5
素人品牌進階版，由內而外整體性包裝，將「個人」當成商品來行銷

　　創業初期會有它的演進與變型，原本「網路格子趣」就有一種帶動性，它可以替網路的賣家賣實體的商品，也可以賣非實體的商品，特別是在非實體商品的行銷上，本就是最原始的目的，但不管行銷什麼，商品都有所謂「品質」口碑是交易的後續，實體商品的品質是可以被包裝、可以被看見的，但非實體商品不論是一種服務或是一門專家，要突顯出非實體商品的品質，根本的關鍵是在「人」

身上，而個人品質講究的不是賣實體的東西，那麼個人在被看見之前，要如何來為他包裝？

「被看見」的價值

原本網路的賣場可以幫助他們被看見，而「被看見」這個東西本身就有很大的價值，因此我再延伸新的領域，不只是單純一個網路上的賣場而已，而是透過網路與實體全方位去幫人去塑造整體，為人打造出「個人品牌」，希望幫助的不只是商品的販賣而已，利用網路行銷除了實體的商品可以賣之外，非實體的東西也可以在網路上賣。

透過網路的行銷，其實競爭對手不是其他同樣在網路之中的其他賣家，而是你怎麼在虛擬的網路之中可以「被

看見」，所以非實體商品的販賣，其實也就是「販賣個人」的意思。而現在通訊網路普及的時代，每個人都有 FB 和 LINE，但要怎麼樣利用，才能讓網路上的每一組個人品牌可以增加他們的曝光率？

透過網路的行銷，因為競爭對手不是其他的網路賣家，而是網路的觸及性，自己有沒有被看到？要在網路之中受關注，有兩個層面：

◆ **值得被看見**

這個人是真的值得被看見，因為個人品牌行銷的是人，所以基本上必須是一個「好人」，也就像商品要賣，本身就要是個好的東西。

如何讓你成為一個值得被看見的人，必須像一個商品或品牌一樣經過一個塑造的程序，首先我們幫助業主如何認識自己，然後可以知道自己的長處，找到自己的天賦，我相信每一個人都有他的價值，沒有人是真的一無是處，

只是看你有沒有找到，而一般人自己是看不到自己的，所以必須透過旁人，特別是專家去輔助，才可以去幫他抓出重點，引導他發揮他自己的魅力出來。

除了直接訪談接觸這個人之外，也有一些工具，比方性向測驗、「DISC 人格分析」，都可以更客觀的發現他的天賦是適合在哪一個方向。

◆　如何被看見

這部分已不太著重於網路上經營部落格或 FB，而是要有意識的去展現他的個人特質，FB 帳號每個人都有，但是要怎麼讓你的帳號是一個有價值的呈現，而不是讓人家看到你每天吃什麼、穿什麼、到哪裡玩、到處打卡……等等的，而是要把你個人特質裡面最鮮明最值得被看見的部分有意識的展現出來。

也就是讓人進到你的 FB 或部落格時，像是到了你的家裡一樣看到你的傢俱、你的裝潢、還有你的收藏，就能

知道你的個性和喜好，類似的情形要展現自己，機會真正
是要走出去，真正跟人家互動，才會讓人知道你，經由互
動讓別人對你感到興趣，進而再進到你的 FB 之後，會更
加認識你。

名片的另一種延伸

所以透過網路或其他媒介，因為作品或是記錄簡介讓
你「被看見」，也像是一種名片的延伸。

我們可能常在外頭交流聚會和別人初見面，接觸可能
只有短短幾分鐘的互動時間，甚至就在交換名片之後互動
的關係就斷了，其實這並沒有辦法真正的相互認識。

所以我們不管是「網路格子趣」或是後來的「個人品

牌」包裝，都是要把一個人背後到底是在做什麼，可以有一個延伸的資訊，更充分的利用網路把它呈現放在這裡。這就是等於一個完整的名片進階版，好比有些人的名片會印上 Line ID 方便與人互加好友交互通連。

因此我們就是幫您找出「值得被看見」的點，設計包裝出「如何被看見」的哏，幫您創造網路上的個人品牌素材，優化部落格或是 FB 的內容。

當我們為您在網路上打造好個人品牌的形象頁，充分簡介您的資訊，甚至再連結到您的部落格或 FB 網址，您的名片以後印的就會是 QR code，透過掃瞄之後，讓大家可以進一步看到完整的您，深入了解您在真正做些什麼，甚至直接帶入您的商品服務在網路上的線上交易，利用 QR code 也可以讓您的名片不只是名片了。

PART-2

新時代的健康生活管理

人工智能穿載裝置

林芯慧

智能手環可說是近年來的科技新產物，它應用在生活之中，透過通訊或藍芽，可以將配帶者的生理感應所偵測到的數據，傳輸到手機或是電腦，甚至傳輸至雲端做記錄和保存，並且提供長期的健康管理。 由於智能手環非常的輕便，它取代了一般人習慣配帶的手錶，成為一種實用且流行的新商品，許多人會配帶它用來當作計步器，統計自己的運動量，或是測量自己的呼吸和脈搏心跳，掌握自己的健康狀態、情緒等等的生理反應。

　　這個應用，現在不僅僅是比較容易接受新資訊的年輕新世代才會配帶使用它，實際上，應用在高齡人口的生活和健康照護上，更是聰明的一個應用！

2-1
時代推動著生活上的許多改變，同時也衝擊到就業

　　一個人的職業生涯如果能夠一直保持在長期穩定的環境之中工作，其實是很幸運的，但也因為擁有安定的職場生活，反而失去危機意識，對於未來完全不會去意識到可能會有什麼變化，因此當萬一有一天，世界或是環境突然變了，自己究竟有沒有辦法可以去因應？這個問題，我以前真的是完全沒有想過！

◆ 時代變遷，要隨時居安思危

以前一直在幫家裡打理公司的事，做的也就是一般行政的工作，因為父親早期和中油爭取到簽約設立中油加油站，在頂著國營事業的大招牌底下工作，一直以為就是很穩當的，雖然只是合約之下的雇員，非正式公務員或享有中油正式員工的保障，但起碼比其他中小企業員工的職缺條件好多了。原本一直認為這個工作不會有什麼太大的變化，但當這個工作隨著父母與中油的合約期滿，考量是否持續續約關係而產生了變數，由於環境市場的競爭變化，約期、合約金、經營成本……等等的評估，再加上父親年紀也大了，最後決定不再續約。

當公司停止了經營的決定之後，我也就不得已必須要另謀出路了，但是坦白說自己面對已經中年的事實，現實人生想要爭取職涯的轉換，一般職場根本就沒有機會，此時自己必須要決定出一條可行的路。

一個突如其來的改變，將整個工作和生活的步調打亂，但也因為接觸的層面隨著改變，面對的事物非常多也非常雜，迫使自己才會真正去認真思考自己的未來！認清自己是事實，知道歸知道，但問題是，到底能夠做些什麼呢？

　　對於自己現況的一種困窘，是因為時代一直不斷在推移的關係，當我意識到子女長大了，隨著自己的年紀也大了，同時孩子的成長學習與環境和過去的時代也不同了，未來的就職和我們以前的就業市場狀況也將不一樣。

　　年輕人面對的職場競爭是一種時代的趨勢，那麼中年轉業同樣也是一個時代趨勢的問題。

◆　多接觸學習不同領域很重要

　　我慶幸的是當我沒有了工作之後，我才開始又去接觸學習，在重新學習的過程之中，我發覺到世代的變遷以及世代之間的許多不同，以前很侷限在固定的工作領域裡，

不會去了解其他人的不同世界，但現在我接觸到不同的人，有不同的背景、不同年齡、不同職業……的各種人，看到不同人的生活現狀、了解不同人的想法，接觸了這些點點滴滴才讓我意識到這才是自己真正的重新成長學習。

時代的進步因為科技而帶來許多的便利，許多的工作也比從前簡單多了，僅管它可能排擠了一些傳統的工作機會，但不可否認，它也可以解決改善許多生活上的問題。

2-2
科技應用生活化，著眼於未來的時代，問題就是商機

在理解現實環境的變化之中，我也發現自己生活現況一樣面臨問題有待解決，因為父親年紀大了，我和父親也不住在一起，我們發現其實居家老人照護的工作，在現在高齡化的社會之中就是值得關心的一件事，怎麼樣能夠為老年人的健康把關？現在因為科技的進步，其實生活很多便利的遠端的監控已經很普遍在應用，比方手機的視訊可以通話，又比如我們電視新聞常報導居家監視系統錄下外勞照顧老人或幼兒的不當行為，遠端監控科技可以為居家

照護的品質做好監控把關，隨時了解家中生活實況。

在因緣際會之下透過友人的介紹，我的中年職涯也這樣踏入了一種創業模式，我代理經銷了健康科技的一種電子商品，這商品其實就是時下非常流行的電子手環，基於我和先生自己家裡住在台南新營，可是父親卻住在嘉義，基本上就有交通上遠距的問題，而老人家的身體健康就是一整個家族的福氣，不能不關心，而我們所代理的電子手環不僅僅只是流行商品而已，主要是用以監測攜帶者的生理健康狀態的一種電子手環，配合手機資訊 APP 或是雲端可以追蹤記載心跳、血壓、運動量……等等資訊的配備。

◆ 由自己的需要，走出自己的新事業

我的創業也就是因為商品符合自己的需要，同時也是因應時代轉變，步入高齡化社會的一種時代趨勢，我因傳統產業競爭的決策而被淘汰犧牲，卻也因為時代的趨勢而

找到了出路，有一種感受就像是「有失必有得」的道理一般，人生的機會和命運也因為時代一直不斷地前進而推移著！現在我明白了，不要害怕自己失去了什麼，如果人生跌倒了，或許我們卻可以在地上撿到其他我們原本所沒有的東西。

因為母親離逝，來不及照護到她身體健康的遺憾，讓我感到更應該要為父親的身體健康情況有個照應，透過電子手環的數據和我們連結，做為一個可以遠端關切的輔助，雖然他住嘉義，我們住在新營，兩地往來既使有一段距離，但我卻可以隨時了解父親的身心狀況，適時加以關心或及早應因。

由最先單純想要關心親人的動機，沒想到自己實際使用之後，才了解它不只是實用的科技商品，更深入體驗了解之後，卻也成為了現在我的新事業。

2-3
抓緊趨勢的商機，年輕世代追時尚、高齡族群享樂活

　　我很幸運切入經營智慧健康手環的時機點正是時候，因為現在智慧型手機的普遍性使用，以及應用程式 APP 的開發與下載使用民眾已經更加習慣並且接受度高，因此智慧手環與手機應用程式的連結使用在攜帶裝置生活應用的日新月異之下，電子手環的配帶甚至已成一種時尚。

　　許多人配帶電子手環，最普遍的使用功能就是將它拿來當成計步器，特別是年輕人在從事運動健身活動的時候，會利用它來做為測量自己的運動量與體能強度，以及

衡量自己在日常生活中的活動量是否足夠之應用工具。但是除了只是當成計步器使用之外，我的這個電子手環還可以用來測量自己的心跳、呼吸、血氧狀態等等健康數據，配合手機的應用程式可將測量的數據傳送至手機顯示。

其實只要是能夠將手環的測量感應結果透過 wifi 行動通信的傳輸，不僅可以將數據記錄在雲端，也可以排除時空距離的問題做為遠端應用，不只是給自己使用，也可以給遠端的家人或長者配帶，透過通訊連線隨時掌控親人的身體健康狀況，包括追踪身體的心跳、呼吸，以及生活上的情緒、疲勞指數、睡眠品質，還能對於身體活動的計步數和卡路里的消耗做每日的計算統計。

雲端與大數據應用

其實因為台灣進入了高齡化社會,在健康和醫療輔助的這一塊,人工智慧(AI)、大數據等等在現代的應用變得非常的重要,像是電子手環可以紀錄追踪人體有關健康狀況的這麼多種功能,那麼透過手機通訊應用程式 APP,就可擴充偵測血壓、心電圖,和血糖偵測與血液酒精濃度等等其他更多的項目。

因此我所代理的電子手環不僅僅只是一般的健康計步器而已,它不僅可以監控攜帶者的各種健康數據,並且記錄至雲端,這也就是電子手環與一個科技平台相結合的應用,只要手機輕鬆下載產品的應用程式,就可以配合記錄使用者每天不同時間從事任何活動時的各種心血管的狀態,累積久了它是個人的一個健康數據記錄,使用者可

以將這個數據提供給家庭醫師做為健康診斷,而集合許多
配帶者的雲端記錄,它便是一個「大數據」,可以提供做
為醫學統計參考。

因此健康手環就是一個現代化最先進的生命感知技
術,它不僅提供個人健康情形做好預警的功能,也對現代
社會的人與生活有非常正面的幫助:

1.讓人掌握健康,提升健康意識

2.提高生活質量,達到安心

3.幫助世界快速邁進移動醫療時代

◆ 心率測量的重要性

每個人的身體狀況並非都是相同的,隨性別、年齡、
生活狀態都有可能不同。

像是心率測量,一般我們在正常安靜的狀態下每分鐘
心跳的次數,叫「安靜心率」,一般約每分鐘 60～100 次,

但因為年齡、性別或其他生理個別的差異,年齡愈小,心率愈快,而老年人心跳就會比年輕人要慢,女性的心率比同年齡的男性快,這些都是不同的數據,必須持續性的記錄,才能客觀了解每一個人的健康情形,在什麼樣的改變之後可以發現到健康情形的變異,而能夠採取適當的預防以及進行必要的措施。

但是一般人通常久久才會去醫院做一次健康檢查,在生活中不可能無時無刻都能隨處做自我檢測心跳、血壓等等的記錄,因此透過電子手環的配帶,由它在生活中自然地為自己做一個長期的健康監測記錄,是非常便利的。

比方在安靜的狀態下,成人正常心率為 60～100 次/分鐘,理想心率在 55～70 次/分鐘,長期監測記錄的數據都維持在一定的區間,如果突然測到更高或是更低的數據,與時間相對照並沒有做其他特別的運動或情緒起伏的刺激,那麼就能察觀到身體健康情況可能產生變異,及早能夠提醒自己小心。

因此當我們所關注的親人，如果生理指數不在正常範圍之內，透過雲端以及通訊應用程式的對應分享，它會立即發出警訊讓同時配帶手環的家人可以收到即時的通知，以便能夠及時協助和判斷因應。

健康異常變化的相關因素

一、心率變化

　　如果心率過快（超過 160 次/分鐘），或過慢（低於 40 次/分鐘），如果且常有心悸、胸悶等不舒服的現象，就有可能潛藏有心臟病猝死的危機，應及早進行詳細檢查，且接受治療。

二、呼吸頻率

呼吸頻率是以每分鐘呼吸的次數來計算,胸部的一次起伏就是一次呼吸。正常人每分鐘的呼吸頻率會隨年齡的增長而逐漸減慢,與性別和生理狀態的不同也會有所相異,成年人平靜時呼吸每分鐘約 12-20 次、女性比男性多 1-2 次、兒童約 20 次。呼吸頻率過快(每分鐘超過 24 次以上),可能係因發熱、疼痛、貧血、甲狀腺功能亢進及心力衰竭等;呼吸過慢(頻率低於每分鐘 12 次),則常見於麻醉、鎮靜劑過量或顱內壓增高等,不論過快或過慢,都應警覺身體狀況可能的變異與危險。

三、血氧含量

在血液含氧的飽合度範圍之中含氧量愈高,人的新陳代謝會愈好。血氧濃度愈高,對我們的健康是愈有幫助的。血氧簡稱 SPO2H ,是指血液中的

氧氣，人體正常含氧量為 90% 左右。血氧量過低
會造成機體供氧不足，然而過高則易導致人體細
胞老化。

四、睡眠品質

睡眠品質的好壞與一個人的健康情形的呈現也是
很有關係的。現代人常因工作或生活壓力的影響，
常有入睡困難或是失眠方面的困擾，睡眠障礙可
能也伴隨著心理因素（焦慮、恐懼、過度思念或
興奮）所引起，或是精神方面的一些疾病（如：
神經衰弱、焦慮、抑鬱症等）；而在生理方面，
睡眠與人體的肝、脾、心、腎等內臟器官的功能
運作也有相關的影響。

五、血壓

正常血壓值為收縮壓<120 mmHg、舒張壓<80 mmHg，假如收縮壓在 120~139 mmHg、舒張壓 80~89 mmHg，則代表血壓進入警戒期，要好好控制，避免轉成高血壓。有許多的累積成因會促成高血壓，如：心理壓力、體重過重、缺乏運動、吸菸、過量飲酒、吃太鹹……等，都是需要我們平常多多注重的地方。

因此透過現代科技，可以將它應用在我們自己或是親人身體健康狀況的監控與提醒，就可以及早預知可能的健康風險，並且尋找醫院提早進行健康檢查。

特別像是以上這些問題，如果忽略了它，對於高齡族群來說可說是高風險的隱藏殺手，擁有健康手環的配帶做為健康照護的一環，也可說是樂齡族群的一大福音！

2-4
身體看不見的危機，才是生命最可怕的殺手

　　科技現在幫助我們生活上更加的便利，由於科技服務我們的生活，因此避免不了有許多的科技設備和產品也就非常貼近我們，比方現代大家使用手機、電腦，都可能會長期接受電磁波的影響而不自知。

　　科技同時帶給我們看不見的負面影響，既然電子手環可以協助我們生活上的居家健康管理，那麼一定也還有其他產品對於影響生活健康不良的因子可以預防排除的。

防磁波貼片預防看不見的危害

其實居家生活中我們只要有接觸到「電」的任何電器產品，都有或多或少對人體健康造成威脅的電磁波，只是不及電視、電腦、手機要接觸得頻繁，而有一種可以消除電磁波的貼片，它就像是一般的貼紙一樣，只要貼在任何會產生電磁作用的電器用品，它就能卸除掉使用時所產生的電磁波。

消除電磁波的這個原理其實很像是電器在使用時，可能會產生「靜電」，包括我們人體在運動時也都會產生，當「靜電」累積過多或太久的話，對電器、對人體都會產生傷害，因此電器必須以「接地」的形式將靜電導出，而我們人的話，就要經常接近大自然，親近花草樹木和土壤，將我們積累的壓力釋放出去。

而這個防磁貼片，就將是一個「接地器」一樣，只要貼在任何電器用品上，它就能夠瞬間讓電器用品或電子設備的電磁波完全消失，不會造成對於人體健康的潛在負面傷害。

健康預防警示，GPS 定位緊急救援

電子手環的實際應用當中有一個案例是非常值得大家警惕的，曾有一位配帶智能手環的使用者，因為手環持續幾天發出心率問題的警示，但他並不感覺身體哪裡有什麼不舒服的地方，以為手環太過敏感或是數據警示誤判了，於是隔了幾天終於有空，還是到醫院做了一個身體的檢查，檢查結果醫生告訴他，他的心血管真的已經有部分

堆積堵塞的情形，而在做檢查的同時，也發現到他的膽囊之中已經出現許多顆的結石，醫生告訴他還好膽囊結石尚未有碎屑，更幸運的是還好他先發現的是心血管問題，因為萬一是膽囊先發生細小的結石掉到膽管阻塞，引發膽囊炎的時候，一般的醫療行為會直接對於這個膽囊炎的病徵做手術切除，醫生說像這樣的手術如果沒有預知他已經潛在有心血管的問題時，可能在手術的同時就有生命上的危險，而一個單純的手術發生致命的原因，並非是出於膽囊的問題，反而是心臟的問題！

還好因為這個電子手環能夠預警讓這位攜帶者尚在健康的狀況之下，預知他潛在可能發生疾病的嚴重性，也讓醫師能夠按照治療的優先順序，確保他在醫療過程之中的風險預防措施。

因為電子手環具備隨身攜帶的使用特性，甚至真正發生健康緊急狀況急難時，也能靠它的 GPS 定位協助遠端立即採取緊急救援之行動。

2-5
健康科技的選擇，兼營一個先利己，再利人的事業

　　做生活健康的產業，經營的產品又是與健康科技習習相關，背後必須是要有一個值得信賴的平台，不只是產品的品質值得消費者信賴，資訊以及業務行銷的後台也要能夠完全滿足經營者，才看得到這個公司產業的未來和永續。

　　沃德 Wor(l)d 是國際性行銷世界的網路平台，網路的資訊不只要支援所有產品使用的消費者會員，也要能支援所有經銷各項商品的經營者會員，由網路平台可支援多國語言，即可證明這個事業品牌的國際規模，已經不必特別言明它是美國上市企業，背後發展的豐功偉業。在市場條件的競爭之下，就有優越的競爭性。

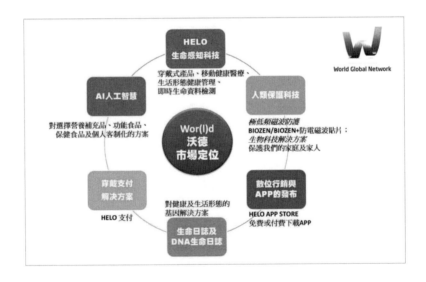

科技的目的就是為了輕鬆便民

　　一個好的經營事業體不只是重視商品的銷售成長而已，它在消費者以及業務支援平台也必須要做到簡易人性化，才夠親民好操作，像我這樣已屆退休年齡的人來說，對於資訊科技的知識能力比不上年輕人靈活精通，卻也不必擔心會落人於後，如果像我這樣對電腦知識完全不懂的人都可以上手，就表示這個平台背後的教學使用示範，絕對是做得非常完善而淺顯易懂的。所以不管是產品消費者也好，參與經營會員的人，在網路平台上的使用與學習是完全不需要擔心的。

　　比方購買產品使用的消費者，因為配帶健康手環的偵測數據資訊要能隨時連線傳輸雲端資料庫即時自動記錄，會員網路的平台就可以為使用者的健康狀況做完整的記

錄，同時也可以為自己家人的健康狀況做好掌控與管理。

因為會員經由網路登錄平台之後，各方面產品說明、使用方式、補充資訊……等等，在平台上面都可以有非常完整的簡介提供線上使用。

經營者的線上教育與支援後台

除了會員產品使用上的雲端資訊數據之外，另一個部分，若會員登錄是經營者後台，也就是在專屬於經銷業務方面的行政資源，包括教育的內容以及商品資訊，還有業務獎金制度、組織架構、促銷優惠……等等每一個部分都已建置得非常完整。

讓有心經營團隊或行銷業務的部分，都可以非常放心

的由平台作為後盾，在產品訂購、金流收款、商品配送，到獎金計算和自動入帳，它都已經是一個建置完整的系統，把每一個業務行銷與行政總務的各個內容項目都已分工完備。

同樣是傳銷事業的經營模式，許多加入傳銷行列的經營者到最後會變相成了「為了賣商品而賣商品」的營運模式，主要就是因為傳銷最大的經營型態的收益就是要讓會員不斷地「再消費」，經營者才會有錢賺，而過度或重複的使用其實是資源的一種負擔和浪費，如果這種過度或重複的型式是食用性的健康食品，甚至可能因過量失去均衡反而影響身體造成負面的情況發生。

但沃德 Wor(l)d 則是反其道而行，先讓客戶了解自己的身體狀況之後，再選擇真正有效的保健方式，透過智慧科技產品，掌握人類健康大數據，搭配全球保健市場逆向而行，如此才能從消費者真正的需要，提供讓消費者可以適當去選擇必要且正確的保健方向。

無痛糖趨勢偵測、DNA 檢測

　　沃德 Wor(l)d 在產品的用心上面我們是真正以顧客的需求導向，從關心使用消費者的需求便利性出發，不論是電子手環或是防磁貼片，它都是一次永久性的，而且還會持續隨著科技的發展不斷研發進步，當新的感測應用成熟，消費者亦可透過 APP 下載新的應用功能，或是依照實際需求的必要性再去選擇升級新款商品。

　　例如我覺得最具人性化的研發項目，就是一種可以無痛偵測血糖的「測糖夾」，一般人測量血糖一定都要透過手指頭紮針見血才能用試紙去檢測血液來得知血糖數值，而沃德 Wor(l)d 的健康手環現在可以搭配一個測具夾在手指頭上，就可以透過 APP 傳送得知血糖數據，這對於每

天都要測量血糖的糖尿病患者來說真的是一大福音。

以健康產業的社會意義來說，以往很多人在不了解自己身體的健康狀況之下，就去吃許多各種保健和營養食品，到底是必要或是浪費，或許就只是為了吃安心而已，其實是本末倒置的。

台灣每年保健產品的市場很大，從小孩成長、大人增強體力，到老人保健......但對於為什麼要吃保健產品，到底幫助有多大是盲目的。每一個品牌的保健產品都很多種類，如果都要吃，那麼每天得吃一堆，到最後變成習慣，即使沒病也會覺得「不吃就不自在了！」這並不是正確的養生保健。

如果吃保健食品是為了身體健康，那麼有一個設備能讓你明確知道你自己的需要，是不是可達到更好的生活品質？

若能夠透過健康手環的配帶，先了解自己的身體狀況如何之後，我們就能去選擇什麼該吃？什麼可以不必吃？

真正補充的是我們身體的不足而不是負擔，同時也不會造成金錢或是商品資源的浪費，這樣才是對的！

像我自己實際也有因為忙碌，曾連續好幾天都很疲勞又晚睡，雖然知道這對身體是不好的，但事情一忙也不得不，直到有空，就想說來測試一下，結果一看到「經絡數值」，真的嚇到，然後「心包」的數值也過高（心包指的是心血管）；「肝」的數值過低，這可真的會爆肝的！一時心慌了，也想著不知該如何是好？

除了不能再晚了，還能有什麼辦法幫助修復？於是把隔了很久沒吃的保健品，趕緊吃了，就去睡。隔天睡前量出來的數值恢復正常，總算就放心了！也讓我清楚及正確使用適合自己的保健品，而達到最好的效果。

因此 Wor(l)d 的 "VitaEnergy 生命能量系統 App" 不只可以測量身體的健康狀況，也可以測試我們所吃保健品的效果如何！自己見證了保健品的效果，所以現在會乖乖吃，忙歸忙，身體也要顧。

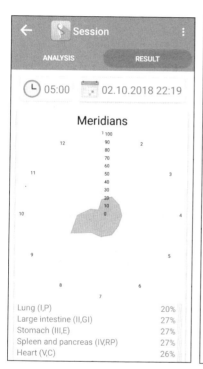

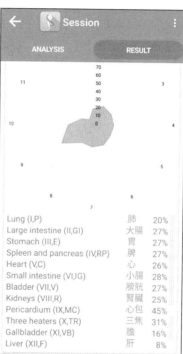

Lung (I,P)	肺	20%
Large intestine (II,GI)	大腸	27%
Stomach (III,E)	胃	27%
Spleen and pancreas (IV,RP)	脾	27%
Heart (V,C)	心	26%
Small intestine (VI,IG)	小腸	28%
Bladder (VII,V)	膀胱	27%
Kidneys (VIII,R)	腎臟	25%
Pericardium (IX,MC)	心包	45%
Three heaters (X,TR)	三焦	31%
Gallbladder (XI,VB)	膽	16%
Liver (XII,F)	肝	8%

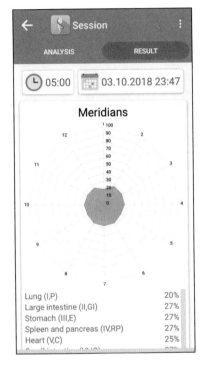

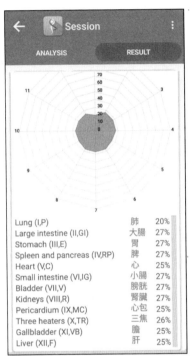

　　Wor(l)d 最有價值的就是透過收集健康大數據，以消費者的行為做策略，不需要做推銷，而是做到客製化的健康把關，因為現代醫藥與食品對於每一個人的影響作用並非完全一樣，這可歸結於所謂的體質問題，每一個人的體質不同，同樣的藥物對於不同的病人用藥，也可能對有些

人有效、有些人無效；同樣的有害食物，也一樣有些人吃了有事、有些人吃則沒事，理解這些不同的變數，用一般俗稱的解釋就是每個人的體質不同，用科學來解讀就是每個人的 DNA 是不可能一模一樣的。

因此健康的客製化，就是除了記錄每個人身體運動、飲食等等日常習慣所呈現的健康數據之外，Wor(l)d 還可以做到幫消費者用口腔唾液黏膜送檢做 DNA 報告的記載，當消費者都能擁有自己的健康數據資訊以及 DNA 記錄，未來便可以提供資訊以協助醫師做到消費者的精準醫療。

有健康才可能樂齡，身體健康才是優質生活品質的保障，當生活上的需求真正能夠被滿足，並且結合趨勢化的科技，以人性化的方向去開發商品，也以人性化的必須做為行銷經營的基礎，不論純粹做一個消費的使用或是把它當做事業來去經營，這個選擇不只是對我而言，也對於商品和事業來說都可以走得長久。

PART- 3

超越命運風水的成功學

人脈經營管理學

簡肇佑

大家使用 fb 或 LINE 的社群軟體之中，一定經常有人會傳一些心靈雞湯的故事，前陣子瘋傳一篇有關富商請大師看風水的故事。

　　故事內容是富商開車接風水老師回家的過程，風水大師見他在途中遇有人要超車，富商總會禮讓，富商的理由是：「那人肯定有急事，可別擔誤到別人！」

　　經過鎮上突然一個小孩從巷弄內衝出來差一點撞上，煞車停住後，小孩嘻嘻哈哈繼續跑走了，富商並沒有立刻再起步，果然隨後又一小孩追出來，風水師問他怎麼知道後頭還有小孩，富商回答：「小孩子這麼開心嘻笑奔跑，肯定不是自己一個人在玩，沒留神可能就撞上後頭的了！」到了宅院看到後院突然一群鳥飛散開來，富商把車停下還不進門。

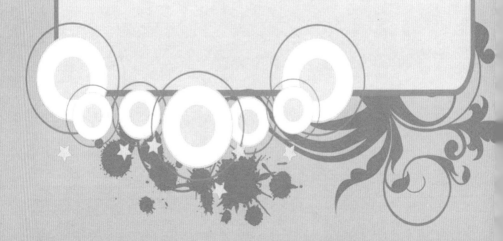

風水老師問說怎麼了，富商回答：「一定是有小孩在我後院偷摘荔枝，知道我們回來慌張驚動了鳥，我們慢一點再進去，免得逼急了小孩不小心摔下樹來受傷就不好了！」

　　於是風水大師就說：「你這房子不必看了！只要是有你在的地方，就是好風水了。」

　　我對這篇故事印象深刻，很喜歡這個故事的寓意，它其實就是在說一個人若具備著善念，本身所存在的心念就擁有力量，這種無形出自於「人」的本質力量，其實更是凌駕超越風水和命運的影響力的。而我認為關於像是這種「人」的影響力，才是「人脈」真正的意義。

3-1

好的影響力，是人脈的基礎

　　人與人的溝通交流，如果看不見對方，古時候可以透過書信、近代有了電話、現在更可以透過網路通訊，科技的發展到現在，大家普遍已經是用 fb、LINE、WeChat、IG……在進行人與人之間的互動交流了，因為網路通訊的便利，現今資訊傳遞對於社會關係的影響，是無遠弗界的！

以前的人只要是提到「人脈」兩個字，想到的都會是：搞關係、攀權附貴、交際應酬……利用不公平和不正當的權勢壓力去屈服別人以取得利益的手段，多半是一些負面的觀感。現在的時代不同了，當社會邁入了自由、法治高標準的要求水平環境之後，個人主義抬頭，現在並非真的透過人脈就能「好辦事」了！

　　以前資訊交通不發達，想要認識別人、交個朋友都很難，但只要相互認識，彼此建立的關係會是深交的情誼；而現在通訊軟體加 LINE、加 fb……隨便加個朋友實在太容易了，說你朋友圈有幾百、幾千人，fb 的照片貼文擁有多少粉絲、多少讚，就說自己人脈有多廣，那也未免太天真了！

真正的人脈並不是你認識了多少人
而是有多少人認識你

所謂擁有人脈，真的要靠人脈發揮功能，回饋自己有所幫助，其實是必須要用心去經營的。所以現在朋友圈的這種人脈關係，並非只是認識而已，必須是要把它建立成為一種團隊，彼此合作互惠，提高效益的一種組織型態，才是所謂的「人脈經營管理學」。

提人脈，為什麼我一開始要說前面的那個故事，因為人在群居的社會中生活，人與人關係交往是很有「影響力」的。

雖然「影響力」是無形的，你可能感受不到、看不到，可是你順流於它，它會把你帶往什麼方向？是正途、或是歪道，一旦習慣之後它是很難改變的。

因此我一開始就要為大家導正人脈的觀念，懂人脈不僅要會用，也要用在對地方，因為你用不對，它就如同是「水能載舟、亦能覆舟」的道理。

影響的力量多大，回饋的力量就有多大

　　現在因為媒體發達，資訊傳遞之快速是令人難以想像的，就如網路上的「鄉民」、「爆料」、「肉搜」……的力量，它能讓人一夜「爆紅」或是商品「秒殺」，但也能讓一個人因輿論的壓力而自殺、失去生命，因此人脈影響力就如同是水的力量，要是你搞錯方向，陷入歧途之後再要「迷途知返」所要付出的代價恐怕是要加倍奉還的！

　　資訊如此發達，現在認識別人是很容易的，但也因為每一個人接觸交流的世界同樣也很大，所以即使見面交換

過名片，對於彼此也未必具有什麼意義，更別說是網路通訊軟體上面未曾真正謀面的朋友，怎能稱之為「人脈」，嚴格說來，你有和你的人脈對象真正見過面，並且坐下來一起聊天、吃過飯嗎？如果沒有，這些都只不過是叫做「名單」而已！重要的是，你擁有這麼多的「名單」，要怎麼樣把他們變成你真正的「人脈」？

你必須要具有「人脈經營管理學」的觀念思維，真的是要用「心」去經營的。**先不問別人能夠幫你什麼？先問自己能夠幫助別人什麼？** 在你還不知道自己能夠做什麼之前，先把自己的心念和心態擺正、先把自己的定位端正坐好！在要什麼之前，先想自己能給什麼？

資訊如此發達，人脈關係的互動是一種交流、是相互之間的一種給予，若你所給予、傳遞出去的東西是「人情」……影響的力量將可能會有多大？

3-2
人脈關係別把它當壞事，謀正事、功德無量

　　我之所以會對人脈這個議題特別有感覺，也特別有感受，主要可能是在小時候的耳濡目染，我有一個叔公，記得從小經常會去叔公家玩，他很疼我，我對叔公的印象非常深刻，不只是因為爸媽常帶我們去拜訪他，而是所有的親戚都常到叔公家，彷彿叔公就是我們家族的中心支柱，大小事都圍著他在繞。

　　在我還小的時候，叔公時任大溪鎮的鎮長，頂著鎮長

的官銜身分，在當時確實影響力是非常大的。叔公不僅於我們家族具有影響力，我看到當時很多陌生的叔叔伯伯阿姨，都會爭相到叔公家來訪，感覺上叔公交友就是非常廣闊，幾乎每天都有來訪的訪客，我看到那種人進人出、人來人往的場面，彼此之間以禮相待、禮尚往來的互動，縱使這些訪客可能都是有事請託要找淑公幫忙的，但是在當時我所感受到的每一個記憶景象畫面，其實都還是充滿著「人情味」的。

以當時的社會環境，我叔公所擁有的政治舞台和權利確實是很容易可以為地方人士調處紛爭或是解決問題的，你說大家都是有目的性的來巴結叔公也好，或者是透過關係、人情來找叔公處理一些事情，這些都是人脈的一種關聯性，就是用人脈來做事情的。

因此我對人脈這個課題，在環境背景薰陶下會比一般人更有感，用政治圈的生態說明人脈是最容易懂的，其實政治從古到今都是如此，能夠被推舉或是經由選票贏得選

戰的勝利，可以擔任議員或民代等等的人物，係因所託於民，實際上就是民眾所賦予給他的一種人脈支持與認同，理所當然會成為地方上的人脈中心，能夠擔任政治人物的這個角色，即使只是地區性的一個小里長，被賦予的責任使命就是要服務人群、服務鄉里，因此有人脈可以解決很多的事情、可以幫助很多人、事、物，如果富有正義感、有熱心、有熱情的人，人脈自然也會比較廣闊。

不過政治圈這種自然而生的關係、人情之官商生態，被大眾用很嚴格的放大鏡去檢視，大多數的人都會把焦點關注在負面上，把它擴大污名化了，其實政治上的人脈應用，本應運用在對的地方，落實在服務社會上，才是它真正該有的正面意義，比方早期叔公擔任大溪鎮鎮長時，有人想要推廣國術，當時社會大眾對於國術的印象僅流於是一種民間傳統武術的概念，推廣本就不易，更何況還想要如何傳授？於是在我叔公協助國術館設立的法規推動和建置之下，才興起了大溪地區國術館設立的風氣和制度，

因為叔公的影響力，才讓國術這項技藝能夠在大溪地區推廣起來，並開花結果。

我叔公高壽到 94 歲才過世，他的政途，在連任大溪兩屆鎮長後，又再經歷了兩任的台灣省議員、兩任桃園農田水利會會長、兩任桃園縣議會議長及兩任國大代表，從事公職 40 餘年，曾獲頒二等景星勳章的殊榮，也曾獲總統府頒發全國最資深民代公職人員獎章。所以如果不是因為人脈，或許現在國術的傳承，不會像我們現今所想像的能夠這麼被普遍地看到及重視。

因此人脈關係，我們不一定要把它當成是壞事，如果你不認為它可以是好事，不接受它，它就不能為你帶來好的結果，但你知道人脈可以將它拿來謀正事，那麼你的影響力、所能留下來的故事，便可以是「功德無量」了！

3-3
一開始有一個好的環境，有一天就會成為高手

你跟有錢人在一起，你就會變有錢！

有一個社會研究統計，探討一個人財富將會擁有多少？主要內容是說：「你的財富和你的收入，大約會跟你6個最要好朋友的財富、收入平均值很相近。」

這是一個統計的數據，你想要年薪百萬、月薪百萬，你就要跟年薪百萬和月薪百萬的人做朋友，因此我們的財

富收入，主要也跟我們的環境和工作領域有關，可以很好理解的就是：若你跟工程師在一起，你的收入待遇也就是工程師的待遇，不單是財富而已，你的想法思維也會和一般的工程師一樣，他們的想法觀念可能比較保守、比較務實，所以理所當然的財富取得也就是依靠工時、勞力，以一般的工資作為主要收入的來源；若你和投資的人交朋友，和投資人在一起，他們會教你投資的方式，你會學到很多投資理財的觀念，你和他們賺錢的方法和管道也就雷同，所以人脈、錢脈，也和所處的環境和共事的人有著密切的關係。

以前的人脈講關係，現在的人脈講團隊

進一步來說它也等於「團隊合作」的這個意義，共同的環境資源能夠相互的配合，它是相互加分的，也就是說如果我們所接觸的人、事、物，多半是與自己所從事的本業相關，假設你是做媒體的，你所接觸的人脈圈子和環境也可能是其他不同的媒體領域，如果結合各個不同的領域：比方出版、新聞、廣播、網路⋯⋯等等，將整個媒體的資源整合成單一窗口，這樣一來原本可能只是其中的一塊，經過相互的合作整合起來，就可以創造出更高的價值了，共同的商機也就是經由人脈結合出來的「團隊合作」商品。

現在經營人脈也是要講實力、講能力

　　現在的人脈講的是團體戰，以前個人成功的故事，現在已經不可能，也已經非常難了。

> 　　傳統講的人脈是一種關係，而現在的人脈是要建立在個別真正實力上的共同互惠，「借力使力」創造出共同的價值利潤，具有合作的精神，而不是誰靠誰，是每一個人都要付出自己的心力和實力，真正貢獻出自己的一己之力，而去爭取共同的利益和利潤出來，它是具有創造性、有建設性的，正向的一種商業經營，這才叫做真正的「人脈經營管理學」。

　　也如同這本書《素人新時代》的意義是一樣的意思，我和其他的作者一起共同著作這本書，也是一個人脈的觀

念，集合大家的內容，可能各有各的專長和分工領域，但是因為集結在同一本書裡頭，我們就能夠結合每一個作者的人脈關係，和各別不同的專長領域當中有用的內容，而變成一個提供讀者智慧傳承的團隊。

　　讀者在看這本書的同時不是只有我自己一個人的故事而已，還有其他作者的故事，那麼你所學到的不會僅僅只限於一個人的東西，一個人有偉大的力量，但是你未必能夠和他一樣可以做得到，如果別人做不到的東西，那麼寫在書上也不過只是他個人的豐功偉業，不過是他個人的成就表彰而已。

　　因此我說現在的人脈是一種真正必須用心經營才能夠發揮出來的新思維，它可以產生正面的意義，也就是創造團隊合作，甚至是創業的觀念，而不再像以前大家對於人脈會有的刻版印象，好像談到人脈就一定是所謂拉攏關係的事，一定跟交際應酬、壟斷利益，依靠權勢謀取不公平競爭利益的那種負面手段。

　　相信人脈是好的、相信人脈能夠為你帶來好事，那麼你也才會真正去用心經營，團體的關係不是建築在利益，而是真正可以創造共享，經營人脈出自真心、管理人脈從善正向，它就真的能夠為你帶來正面的回饋！

3-4
建構人脈的意義與成功管理方法

　　現在的人脈主要是以「團隊合作」為精髓,像現在有很多財商的團隊,在教育訓練的內容之中,其實都在灌輸一個組織人脈的觀念,特別都會以「桃園三結義」劉備、關羽、張飛三個人為例子,意思是這三個人之中,要論武功能力其實劉備是最弱的,但為什麼反而其他比他更厲害的兩位強者會願意聽從他的領導?主要也就是在於團隊之中,適合領導的角色位置,是會留給有能力組織人脈、經營人脈的那個人,才是關鍵、才是主角。

　　所以你是團隊之中控制操盤的那個角色嗎？常聽到人會抱怨說：「因為我不是郭台銘、因為我不是連勝文、因為我不是誰…誰…誰…，所以當然不能怎麼樣！」因為都在講：「如果我是……」如果都在講如果，你想你在團體裡面可能扮演的角色會是什麼？你鐵定不可能是領導者，想必只是在其中的追隨者而已，於是就算你參與的是一個很大、很強的團隊組織，也得不到團體組織能夠帶給你多少「人脈」上的資源效益，因為你只是「等待」、「等著拿」、「等著天上掉下來的禮物」，如果你想獲得人脈上的幫助，首先自己能有什麼建設性或積極主動的參與能夠貢獻給別人什麼？如果心態沒有正，你是沒有人脈的！

成功的三個步驟

1. 先為成功人士工作
2. 和成功人士一起工作
3. 成功人士為你工作

　　認識我的朋友一定會好奇為什麼我能夠出書？為什麼我現在變成作者了？其實這正是因為人脈的關係，如果不是因為人脈，如果不是因為認識出版社的社長，就連現在一般的作家寫了很多的作品，可能到處投稿的結果，都到處碰壁，未必出得了書。可是按照像我本身不會寫作，別說出書，就連日記幾頁可能也寫不出來。

　　我因為認識了出版社社長，某次聊天聊到了出書可以如何幫他、也幫我自己的業務構想，沒想到社長說：「那

不如我就幫你出一本書，當你出書成為作者之後，別人自然就會主動問你如何出書？那麼你只要把我幫你出書的流程帶他一遍，他也就能出書，你也自然就是一個『出版紀經人』了！」

這麼一來，原本想都沒想過、自以為不可能的事，如果不能確定或是存在變數，壓根我也不會動筆寫任何一個字，可是當我確認只要我想要、一定能出版，當我預知未來一定有結果時，無論如何再怎麼絞盡腦汁、不眠不休，我也要把握好這個機會，將文稿內容擠出來，所以就算還是經過編輯像作文老師一樣把我的內容修修改改、拼拼湊湊，最後終究真的是完成了。

以我自己出書為例，就真的是先幫出版社做事（出主意）、和出版社一起做事（共同擬定文稿架構）、出版社幫我做事（完稿出版了我的作品）。

所以如果不是因為人脈，我一輩子也想像不到自己會有出書成為作家的這麼一天！也就因為這樣的人脈，以後還能幫我周遭想要出書的朋友真的圓夢出書。

如何接近人脈、找人脈、建構人脈？

　　成功的三個步驟是「先為成功人士工作、和成功人士一起工作、成功人士為你工作。」可是怎麼樣先為成功人士工作？你如果接觸不到成功人士，談什麼為他工作？如果你取得不到成功人士對你的信任，他又憑什麼願意讓你為他工作？

　　現在的時代因為變化太快，競爭也非常的激烈，越來越多人感覺到只要是出了社會之後，再交的朋友可能是從職場或是業務關係所認識的新朋友，不太可能成為莫逆之交，因為當彼此工作的環境變了、離職不在一起工作了，彼此的關係可能就斷了，之後也不太會再繼續聯絡，而真正能夠成為莫逆之交的朋友，能夠做一輩子的朋友通常都是在學生時代所交往的，因為在學生時代，同學和朋友之

間並沒有商業或金錢利益之間的關聯性，畢了業，大家分別到了不同領域工作，仍然能夠經常聯絡在一起，那是因為彼此之間曾經擁有共同的經歷和回憶，這種自然的人脈關係，這種不因利益連結的友情才是真正的友情，進入社會之後你再認識的新朋友就很難真正能夠交心，所以你如果失去了學生時代的「狐群狗黨」，進入社會要重新建立新的人脈關聯，就必須要更加的用心。

因此積極建構人脈最基本的行動付出，就是「走入團體、走出人群」：

◆ **「走入團體」就是接近人脈最直接的方法。**

找人脈的方法和管道其實很容易，比方像參加社團、宗親會，或是行銷的 OPP，更積極一點的，甚至是加入扶輪社、獅子會。主要是你要走出門去參與各項的活動，特別是有許多行銷演講，也就是所謂的 OPP 活動，因

為他們可能都是在賣商品，參與的人要不就是業務，要不就是找商機，同樣願意主動去參與的人，如果能夠認識這些人進一步的交流，你會發現這些人脈是具有一定行動力的。

◆ **「走出人群」是指進入團體之後，不要躲在人群背後，要走上台讓別人看到**

設法將新的人脈整合好，要用什麼樣的方法呢？主要就是讓大家覺得你是有熱情的，所謂的熱情就是通常你是主動找別人，這種主動關懷的前提必須是要你先了解對方需要的是什麼？對方有什麼樣的資源？你去整合每一個人的需求與供給，當一個人有需要幫助的時候你可以介紹另一個人可以幫他的忙，即使是你沒有辦法直接幫助到他，但是能夠介紹人，那麼你就是連接他們兩個人彼此關係的中間人，也就是人脈的 keyman！

人脈的維繫和管理

　　不同的主題活動會有不同的人，比方參加房產投資說明會，你就會接觸到跟房地產投資相關的人脈；比方參與行銷說明會，你所接觸的可能大部分是業務和行銷人員；像是參加宗親會，裡頭就可能是各行各業的人，其中會有老闆，也會有一般的職員或是家庭主婦。

　　再進一步深入參加各個團體組織的意義，我們認識人脈，當然會有各式各樣的人，也會有很多的人，但其中我們必須要尋找對自己有實際幫助的人，並不是所有團體的每一個人都真的要認識、熟識，因為我們並沒有那麼多的時間可以一個一個實際交流互動，所以重點要找與你自己相關的關鍵人物，最好是自己喜歡、跟自己契合，相處得來的，因為既然是人脈的經營，我的觀點是人際的交往還

是要以自然為主，交朋友要交得快樂，不要硬去找一些跟自己不對盤的人，硬是要拉攏關係，那麼也就等於是走回頭路去讓自己做自己不願意做的事情。

　　我們參加了這麼多的團體組織，數量夠多，我們就不缺找不到跟自己志趣相投的人，只有找到與自己合得來的人，你才能跟他有比較緊密的互動並且自然關係建立。所以人脈真的為你發揮作用，你真的做到這樣的程度，就代表你已根本不缺人脈，如果你還得要違背自己心意，硬要跟某個自己不喜歡的人交往，那麼就表示其實你是沒有人脈的！

人脈經營的真情用心，你就是人脈圈的焦點中心

　　人脈在經營方面，還是需要一些小心思，也就是我們在開始跟朋友接觸建立人脈情誼的時候，你是否有真正的關心別人？我們挑對人脈經營的目標人選之後，對我們想要經營的這些人就必須要有一些持續的互動，最直接有效的互動，其實就是約出來吃飯、喝咖啡、聊是非，人說「見面三分情」，人和人之間的互動面對面才會真正建立真正的友誼關係，所以沒有見面吃過飯、沒有真正互動過的那不叫人脈，只能勉強叫做「名單」而已，人脈要建立出真正的感情，而不是建立於利益交換上，因此你在心思上就格外要有真心的付出。

　　怎麼樣去傳達你自己的真情義？這個特別重要！也

就是掌握時機，比方過年過節的時候我們自然會跟朋友問候佳節愉快等等的，但這只是「基本款」而已，要真正能夠打動人心的情意傳送，是在朋友真正有意義的特別時刻，比方像是朋友生病住院、朋友的太太生育、或是親人過世……在特別的時機傳達你的關懷和關心，只要做到一次就足夠讓對方感到窩心，永遠都會記得你，這樣才會讓對方把你真正記在心裡頭，認定你是值得交的朋友。

　　所以最後講到了一個真正的重點了，人脈能夠做什麼？其他的人可能沒有人脈，但是你有人脈，你就會是所有資源的整合中心，也就是資訊站，當別人有需求找不到如何達成目的的方法管道，或發生了一些問題不知道該如何解決的時候，如果因為你認識非常多的人，只要他來找你，或許只是幫他轉介紹別人，一個訊息或是打個電話就幫他解決了，你的角色能夠被他想到，並且有效幫他解決了困難，證明你是值得交的朋友，那麼也就突顯了「你是人脈中心」的重要性！

　　具有人脈如果能夠幫助別人，自己就可以成為領導者，或許你自己什麼都不會，就像是劉備可以指揮張飛和關羽，還有各式各樣的人才協助他成為團隊，你就是這個團隊的領導人。

3-5
既有資源成就事業，
水到渠成的人脈商機

　　「能力」和「資源」都是成就事業或創業的成功關鍵，很多人都有創業的夢想，可是想創業要創什麼業？卻不一定是每一個想創業的人都有想法的，就像有人「有能力」但卻苦無資源；也有人「有資源」但能力不夠，不管是前者或是後者，如果不懂得如何去配合應用，自己悶著頭去做都很難成功，現在單打獨鬥的時代過去了，靠團隊人脈的資源才可以借力使力，懂得交互配合應用，就並非得要你十八般武藝都要樣樣精通。

無心插柳開啟事業的機遇

因為人脈的機緣，在無心插柳之下，我接了一個美白牙齒的經銷代理，成為一個商品的地區經銷代理商，竟開啟了一個小小事業。

雖然這並非我的主業，也不是自己去強求爭取，倒是因為自己原本既有的人脈資源，透過朋友的介紹讓我接觸到牙齒美白領域，認識這項商品產業的經理人，經過彼此熟識後，對方了解我在八德在地的人脈廣濶，於是授予我幫他們擴展區域業務。

成為一個商品地區性的經銷代理商之後，就我未來的創業或是事業的生涯才有了一種「起飛」的可能，雖然我還不確定未來是否真的能夠功成名就，但畢竟這是一個可努力的目標，有可能實現的機會。

◎ 市場既有成熟的專業和技術，也可以成為自己開啟事業的產品服務項目。

　　重點是這個「機會」有或是沒有？許多人為了拼一個自己的事業發展是投注了他所有的積蓄和心血去開創，必須得靠自己一個人親自去披荊斬棘、開疆辟土，一切都是從零開始，這種創業的心態跟模式，往往是風險最大的，成則成，敗則是傾家蕩產，講起來，它可是非常大的一場人生賭注！

商機的選擇與合作的原則

　　經營人脈因為接觸的層面很廣，當然也一定會有好有壞。這就好比人說，行走江湖，免不了都要與黑白兩道打交道，所以大部分市場性的課程或是各種行銷說明會的活動，只要是有機會，我都儘量去參加，也會去了解各別活動的商業模式，背後真正賣的是什麼？

看多市場上能夠聚眾成群的團隊領袖，同樣也是「有神、嘛有鬼」，當接觸多了、看久了，多少也能夠辨別其中，對於包裝造神宣傳的誘惑，自己也就能克制取捨。

那麼應該要如何分辨什麼才是可取的？我在「商機選擇」與「合作原則」的重點之中，同時也領悟到兩個簡單的道理：

◆ 有「實質商品或服務」的事業才值得給人安心

決策市場上的加盟或直銷等等商機，若性質型態上是以經營人脈為主的事業，可不可以做的最根本明辨之道，就是看他有沒有實質的商品，因為一種商品要能開發製造出來，創業的先驅至少自己已先投注了資本，看得到他們已經真正的實質付出，倘若又有實證，成果現實存在看得見，大致上就不會有什麼問題了。

而像某些「資金盤」或特別是主推行銷方面的連結，

多半目的只是為了群拉會員，本身沒有實質的「商品」與「服務」，一直是在推虛擬造夢的行銷商業模式，玩到最後可能會是一場空。

某些沒有商品但有實體課程的學習團隊，至少因為還有實際上課真正可以跟老師、學員交流互動，為了培養人脈關係而去了解接觸是 OK，但無論如何當你接觸了解各個商團組織跟自己的能力、資源沒有任何關聯性，為自己加不了太多的分數，就要避免自己「只因利益的誘惑」而陷了進去。

◆ 信任是團隊互助合作的原則

「沒有信任的猜忌，是經營人脈的大忌。」

如果你也想要像我一樣，做人脈的生意，絕對不要一開始就先設定結果，如果你一開始的信念就是為了結果而來，要談合作是很難與他人有共識基礎的。

1. **尊重專業**

不管合作也好，互利也好，每一個人其實都還是會專注在他自己的本業，所以合作的基礎，你必須完全信任對方的專業。別人拿手的專業輕鬆做絕對比你強，如果自己有很多的意見，沒有辦法去信任別人，有太多的問題自己不放心，得要自己親自去做的話，那麼就白費了真正人脈合作的意義。

2. **專注自我**

同樣的道理，你也不能夠因為合作的關係，而去要求別人來幫你做什麼事情，如果出發點錯誤，而是用一種利用他人的心態來去談合作的話，最後的結果必然是無疾而終。人脈的整合和合作的關係是一種互補，一定是先有互信，才會有互利，我們不要想得太複雜，其實它很簡單，每個人去做好每一個人自己份內的事，做自己最擅長的事就好了，只要人脈合作的機制建構好，事情對了，結果自然就對了！

　　我慶幸我自己，很幸運的，就像前面我所說的各種機緣，可以參與非常多的行銷團隊，認識非常多的社團組織，包括出書的因緣......等等。

　　我並沒有真正投注什麼之後才開始，一切就是自己既有人脈網絡的交織，水到渠成自然而然就開創起步的，透過既有資源，其實我並不覺得自己的能力有多好，只是藉助其他有能力的人和人脈，善用其他人在各別不同領域的長才，我就可以借力使力，把我擁有的資源轉分享出去，把我可以賣的東西，把我可以分配的利潤授權，讓有意願合作的夥伴可以享用我的資源，或是一起幫我賣我能賣的商品。

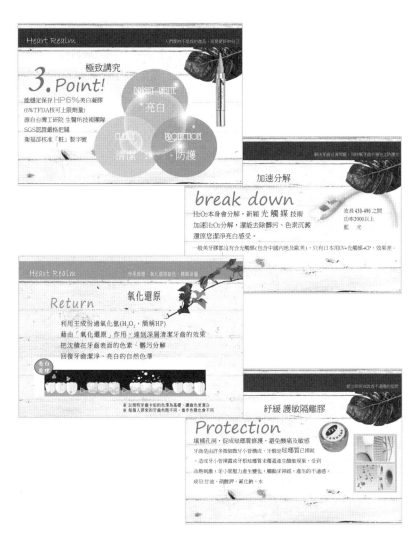

◎ 對消費者真正有益的商品服務，才是真正值得投入的事業選擇。

行動的力量，播種「對」的種子

有兩句話對我來說有非常深刻的體悟，分享給大家：

「想是問題，做是答案。」

「不是一開始就很厲害，而是開始才會變得很厲害。」

這兩句話的意義跟主旨其實就是「行動」兩個字。做了才會有答案、才會知道結果；能力不是一開始就有的，而是經驗累積出來的。

◆ 付出行動，開始就會有商機

在我真正的決定做了「第一個開始」之後，因為做了某件事情之後的關聯性，接著源源不斷的機會，也就陸陸

續續的出現了。

　　譬如我因出書於文稿編輯的往來之中接觸到媒體和新聞的脈絡，也因而串連了媒體行銷的資源幫人做廣告；成為牙齒美白經銷代理商後，因為健康領域與行銷網絡佈建的關係，又接觸認識到水質設備專利商的老闆，水質設備老闆知悉我在經銷代理牙齒美白商品事業的行銷網絡經營，也找我一起研擬他的產業行銷。

　　這些都是從我既有的資源，衍生出來新的資源，每一個合作的機會我都會看「人」的初心，只要主事的人是「對」的，那麼我就嘗試一起去「做」。

◆　**先播種，才可能等待豐收**

　　不同項目的進行，每一個合作都是一個起步，不預設那一個一定會成功、或者會失敗？畢竟都去「做」了，就像把各個種子播種出去一樣，未來不知哪一株會先開花結

果，重要的關鍵是我現在「播種」下去了！

當我接受到許多人的協助而成就了我之後，我也同樣願意付出自己的資源去扶助他人，這也就是一種回饋，也是我一開場的那個寓言故事。

一切的善緣可以在不知不覺之中發生，不斷產生循環，好的結果，也就會自然而然水到渠成了。

PART-4

品味空間

室內裝修設計師，也是居家生活的空間顧問

KATY・莊詠安

　　家是努力經營而來的，人一開始只是掙扎著求生存，找到自己的定位以後，才有生活可言。

　　因此「成家」對一個人的人生是重大里程碑。

　　不論是「購屋」或是「換屋」，居家的空間環境塑造，就是生活的一部分。裝修表面上是一個硬梆梆的東西，其實它背後所蘊含看不見的東西是更珍貴、更動人的。

　　從裝修工作的接觸體驗認知到，「生活、生存、生命」三階段同時存在，當我們面對任何狀況時，要真誠面對自己和他人，且要試著過的"快樂"，即使"迷網"也是一種真實的生活體驗，只有真實去面對每一天的生活，面對各種挑戰，體驗愈深才能像老茶一樣，愈來愈有層次，滋味愈來愈圓潤！

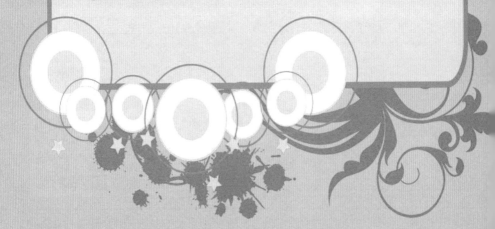

4-1

從「心」出發塑造適合的家

　　裝修設計可以創造出生活空間的品味，但品味是什麼，品味是一系列關於「選擇」和「喜好」的文化規律，聚焦於人類判斷何謂「美」、「好」和「對」的能力，它像是美食一般入口就讓人的味覺得到滿足，也就是親自品嘗、親身感受你才能享受到它的存在！

夠傻才能無形做到感動客戶的行銷

同樣堅持服務著重於客戶的心理層面,或許因吸引力法則,在因緣際會下和先生開車到陽明山,路過了一間餐廳標示「心五藝」三個字,吸引了我們的好奇而進去用餐,因為他們的創作料理與服務都很有感覺,於是也好奇地翻閱餐廳老闆的著作,內容算是一本美食傳記,除了講到他的廚藝,更重要的是他的心藝～**做對的事,去實踐生活中的美好**。在這之中我感受到的是他對美食堅持的精神,自然呈現出一種文化底蘊。

當下覺得這個人的堅持跟我莫名而合,是有股傻勁的那個族群,我們在各自領域的市場之中並不是大宗化的部分,可是社會上就會有一些像我們這樣的傻子,但也因為我們的堅持,所以可能也會吸引到或許不是那麼商業化的

一群客戶，畢竟像我做的主軸是居家而不是以商業空間為主，所以我想強調的是更心靈層次的東西。

　　我所領悟到真的是要夠傻才能在無行銷的狀態結交到最好的客戶與友情，而我們所呈現的作品也真的是出自於真誠用心的對待，才有令人感動的結果，像是每一個案子、每位業主的家都有屬於他們自己的故事，具有原本自己家的精神與情感以及對於房子的依戀，因此每一個裝修的案子，其實都是在為業主改造他們的家，也因信任所以托付，而我重新為業主重塑居家的空間，就如同是將他們返家的故事轉成具像，完成每一位家人們的期待。

影響個人的整體環境
美感思維的養成

　　我很慶幸自己是在鶯歌出生長大,鶯歌是台灣的陶瓷重鎮,陶瓷本身即有多種器物使用與複合媒材的特性,其他地區的陶瓷器皿多半僅以實用為主,但在鶯歌當地以陶瓷做為生活器皿所融入的藝術賞析成分多半會高一些,而從小我的父親就是從事磁磚生意,在小時候我們也都會幫忙排「馬賽克」當打工,生長於藝術與工藝營造的環境之中,漸漸的也對藝術、對設計有了潛移默化的影響和滋養內涵,在這樣的環境薰陶下,也促使我用比較廣的層面來看待藝術與空間的關係,包含實用性、品質與美感的部分,以及空間的陳設與擺飾,在我現在從事裝修設計之間的關係,更會用整體的概念去營造。

由於學生時期開始學習美術，進入社會後學習設計，曾在歐系傢俱店服務，由於歐系傢俱著重於規格及特有的品味，搭配居家風格很有它的調性，才對於空間美感的佈置有了更大的啟發，陸續又進入床墊、系統櫃、窗簾、廚俱等領域，幾乎所有傢俱飾品業皆從事了一段期間，對於家用物品配件的品質、材質與跟環境氛圍所營造的微妙關係，都有一定程度的敏銳度，這些點滴的生活累積，都讓我對空間設計、佈局與其中的擺設與配置，都累積了一定程度的專業，更可以給予顧客良好的建議。

設計講「質感」，服務靠「走心」

　　住宅空間和家庭功能要怎麼樣才會是最協調的裝潢設計？設計規劃、完善的施工是我們的基本功，而這麼多

年下來我們發現其實「人」才是最重要的軸心,所以居家裝潢設計並不一定要拼命的「給」些什麼,有時候我們設計師多關懷業主與家人之間的互動,比房子如何設計,更顯得重要。

再多的目錄、再多的範例案件、照片的參考,反射出的,就像是人的個性一樣,客觀物體的表達依據人主觀的解讀自然也會有所不同,因為不可能每個人要的感覺都是一模一樣的,所以所謂的「範例」,本身也僅具「參考」性質,有時業主想要的並不是裝潢的風格展現而已,可深入的去探究業主真正想要的「動機」,再去遵照執行、去實現,將其適時的修飾及呈現,才是真正的客製化。

其實我覺得從事室內的裝修設計已經不只是純粹做「設計」而已了,現在的我,好比是一個心理諮商師,是一個房子的家庭顧問,這個家庭顧問的角色,不但要為房子的空間做安排、顧好施工的品質、為材料優劣看診,也要考慮到居住者的心理、宗教信仰、習慣、審美觀與心情。

裝潢居家的空間是可以「設計」出來的，但是滿意的
服務和滿足的心是無法設計的，需要更多的用心體會，更
多的細心觀察。

4-2
居家裝修,「設計」的
是一種安心與適居

　　我一直認為住宅空間本來就是提供給人一個「安心」的居所,對於安全保障是不容有任何風險存在的,可是在市場現實競爭中,消費者和設計師本身,可能都會在預算成本和品質安全之間考量「算計」,這當中的平衡界線到底該如何去拿捏?

　　這與設計師自身對法規、道德的尊重尺度有絕對性的關聯,而設計師自身的「質」相對也就會吸引相同的消費者顧客群,專業的服務不是建立在「利益」之上,而好的裝修設計質感也並非一定要用「價格」去堆砌出來。

團隊的素質和內涵決定了團隊的眼光以及能吸引到的客群

自早期我在歐系傢俱與系統櫃的門市經驗讓我對於品質和服務的理念要求較高,所以在找配合工班時,會要求材料等級和師傅們的素質都要一定的程度及標準,習慣了一定品質的裝潢設計水平之後,雖然商業空間的案件也可以承接,但是通常商業空間配合的工程,因考量業主的經營成本常常要求快速,在品質要求上較不易達到我們要的水準,且分包制度之下的一些成本用料,往往被限縮到要去使用次級或較初階的材料才可執行。由於我對自己要求的理念很明確,因此我在業務的主軸上,仍以居家的室內設計為主。

因為居家的室內設計比較能跟客戶(真正住房的人)有所互動、真正的能夠貼近他們內在的渴求,許多人對自

己的居家想像都有一個藍圖,而我的責任,就在於跟他們充分溝通居家空間的想法,有哪些可行與不可行之處,並且把他們對於居家空間的想像一個一個、完完全全地去實現,讓委託人實際去參與、關心自己所居住的環境,這樣他們在居住的空間生活時,能夠貼近他們的需求與氛圍,也更加人性化。

居家設計最「適合」的新思維

和整體社會環境與時代轉變一樣,現代人對於健康、休閒、環保的觀念愈來愈普遍,現在連居家裝修設計的習慣,也回歸到一種「簡約」與內斂,而不是像以前那種要展現「華麗」的風格。特別是現代人的壓力都與日俱增,

舒適而內斂放鬆的個別化居家設計，往往才是適切且廣為接受的。

◆ **誰說裝修一定得要花費很多錢**

現在居家裝潢的空間設計，許多人對於空間美感的概念，也慢慢喜歡以「精」與「簡」的元素來搭配，營造出「適切」與「對應」空間的協調品味，因此有時候在做裝修設計時，其實也不需要花費太多預算，也可以用很簡便適宜的方式，再加上美學的概念就可以達到不錯的效果。

裝修設計要講「整體全面」的思維，並不是所有看到的全都要做到「滿」。像以簡約的形式，燈光就會是營造出空間美感最好的設備，軌道燈是我個人非常推薦的情境飾品，以往居家裝潢較少使用軌道燈，主觀會覺得家裡裝設軌道燈就好像變成「商業空間」了，但其實現在軌道燈的活用愈來愈具有彈性，誰說它就一定只能適用在商業空間呢？

其實居家如果軌道燈應用的恰當，不必做其他太多的裝潢，也可以依照較具施工時效的系統櫃或牆面粉刷色系來搭配佈局，發揮光和色彩的對應氣氛，省去很多木作的固定裝潢，更可以節省預算成本。

色彩、空間與光影和空氣的流動，反而是讓我們舒適及穩定身心靈最重要的物件，而這也是為何需要設計師的原因，我常和業主分享這些元素，與業主充分溝通好有默契之後，後續比例調配的工作就交給我們，省下的時間留下來陪伴孩子及家人，甚或為自己安排一趟旅程都更有價值。

【補充】裝修不可不知的五大事：

一般來說室內裝修已受限於建築物本身的即有條件，建材、外觀、樑柱及門窗位置尺寸、管道位置……等，我們能致力為業主調整的是內部動線的流暢，飾材及空氣品質盡可能符合健康宅的設計。

1. **空氣**：室內空氣品質的維持

   a. 換氣的重要性—室內安全的二氧化碳濃度＜1000 ppm

   b. 過濾的重要性—PM2.5 懸浮微粒的傷害降至最低＜35ug/m² (特別是小孩、孕婦與長者多處於室內環境)

   c. 濕度的維持要在 50%~70%之間 (針對台灣的氣候)

   d. 建材中的有機揮發物，需透過換氣來降至最低

2. **陽光**：

   a. 一天的日照需＞3HR，或以足夠亮度的照明設備補充設置並應避免眩光的危害

   b. 隔熱的設計可減低耗能 (例：冷氣的使用量)

3. **水質**：飲用水的淨化與過濾設備的加強 (例：塑膠微粒→體內)

4. **聲音**：噪音要＜50dB—建築本體即要考慮，否則室內設計師在裝修時需由居室內部加強

5. **安全**：照護使用者的安全

   a. 建築本身的結構與防災設計

   b. 室內規劃要便於老齡者與行動不方便者

   c. 建材與裝飾材的選用應力求避免選用甲醛(HCHO)或揮發性有機物(TVOC)高之產品

◆ 預售屋的「客變」設計反而讓你省更多

另以預售屋為例,在預售屋還沒有蓋好以前,它就是一個完整的空間設計,全部真的是「從無到有」,適合你的未來空間,和你事前可能看過的「樣品屋」絕對不可能是一模一樣的,在預售屋還沒有完工,還可以「客變」之前,如果可以請設計師先依自己「適合」和「適應」的未來空間做好設計和規劃,反而可以省下更多。

特別是現在預售房價單坪售價就要幾十萬,甚至上百萬的行情,坪數就關係到價格,所以一般人買房子看重的就是坪數,可是以我們設計師的角度,我們注重的反而是空間尺寸,像是有人購買套房社區的建案,說她買的是其中最大的坪數,但我幫她計算尺寸比後發現適合他們實用的空間並不是最大的,因為男主人有 190 幾公分高,而房子的縱深只有 230 公分,以他的身高要買 7 呎加大的床,把床放下去就已經 212 公分,再加床頭就 222 公分,剩下

的 8 公分根本就沒有走道可行走,和原本樣品屋擺放標準床的展示狀況有落差,就他來說是完全不適用的。

◆ 尺寸的巧妙搭配特殊五金,讓空間與收納更實用

在家具櫥櫃的尺寸規劃上,不同規格也可以配合特殊的五金功能做出適合使用的空間,如果空間有限,標準 60 公分深的衣櫥不適合擺,就可以用 45 公分深的櫥櫃搭配伸縮或下拉式衣桿,同時仍有收納的實用性,也避免衣櫥占據空間的壓迫感,讓居室可以保有大空間。

對於水電管路規格和家具尺寸的了解,在預售屋的「客變」規劃與設計,我們已知未來業主希望怎麼適用,將來會買什麼家具和家電?櫥櫃將會怎麼配置?許多預知需求和建商原本的管路配線以及提供的建材設備,就可以「先改」或「先退」,就能先請建商折算價金節省一筆購屋的預算,而不用等到建商交屋配置好了之後,再來拆除重做,又得再多花一筆費用。

【居家小巧思】設計師的私房推薦:

1. 升降櫃

適於廚房碗盤廚具收納的吊櫃,使用時可平降至一般高度,不必像傳統固定的壁櫃就連大人都得伸手才能取放東西,可讓孩童學習取放自己的餐具養成自動幫忙做家事的好習慣。

2. 伸縮及下拉式衣桿

衣櫃若有高度或深淺的不同,可活用適合的五金衣架或衣桿增加收納的實用性,同時與前項升降櫃一樣,避免主婦因頻繁的家務而造成「五十肩」的困擾。

3. 系統櫃

系統櫃不只是衣櫃、書櫃、置物櫃或展示櫃而已,現在家庭普遍都改設置掛壁式平板電視,未必需要再用類似大理石板去裝飾電視背板的壁面,用系統櫃當做釘掛電視的壁櫃,還可以將視訊線材隱藏在櫃內,不僅節省預算且實用美觀。

4. 黑板漆

黑板漆可搭配家具或櫥櫃的原色調配顏色，也可以粉刷不同的色彩做變化，因它的表層耐髒並容易擦拭清潔，能讓孩子在上面自由塗鴉，不僅顯現居家色彩佈局的特色，也是孩子快樂揮灑的空間。

5. 軌道燈

可以自由調整光線投射的角度位置，配合書櫃、掛畫或家飾擺設的光照呈現，不用太多木作裝潢即可表現空間設計感的格調與風味。

6. 電暖榻榻米

健康透氣的榻榻米，原本就很適合做為居家的地墊或床墊，若有電暖功能的榻榻米，就不單只有夏季可使用，特別是台灣冬季氣候溼冷，使用電暖榻榻米也不只是保暖抗寒而已，最主要還同時能讓室內的溼氣不會那麼重，也不會有蟲蛀的問題。

4-3
真誠用心對待，才有感動人的結果

人心是一種「感受」，因此設計師的服務，其實要能夠透視業主所需要的彈性做調整，除了在空間硬體的裝潢設計上呈現質感，如何能像朋友一樣用心體會他的生活，找出他所要的感覺與想法，並在裝潢過程中，幫業主傳遞出他「真實自我」的展現，才是最重要的。

許多的經驗讓我從業主的身上也學習到很多，讓我體驗到「做中學、學中做、做中修、做中成」，可以遇見自己，看到自己的心，感受到能付出就是一種福報。

家的美好來自那份情感在空氣中的流動

　　其中有一個例子，業主希望設計裝潢出來的成果並不是一般人所講究追求的華美亮眼，可是我在裝潢設計這個案子的同時，卻深刻體會了那一份親情真摯感情的傳達，其實比什麼都還可貴。

　　業主原本和爸媽住的距離其實僅隔幾條街而已，和許多遠離家鄉「北飄」的都市中生代家庭來說，已令人稱羨了，可是如果真是離鄉距離親人太遠，現實不可為也就罷了，但這種說遠不遠，說近卻又無法真正貼近照顧的尷尬，讓業主興起了想要接來一起同住的念頭。

　　好巧不巧碰上一個良機把正好就在隔壁的房子買下，一心希望父母可以搬到隔壁好照料，但原本老人家

住的是公寓一樓,要懇請他們換到電梯大樓,同樣坪數空間卻縮小,除了害怕改變會不習慣之外,最主要是母親仍存在著對一樓有那份念舊的不捨,為了說服倆老願意搬上樓來同住,業主把隔壁新居規劃設計的任務交給我,希望我儘可能把裝修規劃做得讓母親可以接受並且住得舒適習慣,為此我也親自探訪老人家原本住家的空間環境。

他母親特別提起她很懷念她小時候在鄉下家裡開磚窯廠的那份情感!於是當下我的心裡默默就有了靈感,想要為他老人家規劃他們所喜歡的空間,同時又可以配合老爺爺的身體狀況,讓業主方便可以貼近為老人的長照做出最好的環境。

為了契合兩位老人家的心意,我把家裡頭的裝潢完全比照老家的感覺去表現,除了長板凳、太師椅,玄關還真的掛上老家的牌匾,那也是她的公公在日據時期任職校長具有歷史意義的紀念,所有的設計完全是圍繞著父母最熟悉樸實復古的情感風味,甚至連廚房還真的用

火頭磚砌起鄉下的矮牆……等等。你很難想像在都市現代化的電梯大樓裡，你一進門就彷彿真實「穿越了」的感覺，走進了鄉下三合院的古厝裡。

　　我所感動的是因為企業家在功成名就之後，還能惦念父母，希望能夠與父母親住在一起，在居家裝修的設計，不單只是為了保留父母親所習慣的那種鄉下的純樸風味，業主想和老人家一起相鄰同住的初心，是讓他們在家可以聽到兒孫們的嘻鬧聲，或許老父親只能坐在輪椅上，只是看著孫子們在玩，雖然僅僅如此，但他們內心感受會是有連結的，那種家的人情、風味所傳遞的，更勝於所謂的裝潢時尚感的想像空間概念。

　　所以在這個故事的經驗，讓我覺得可以感動到人並且真正值得提出來的案例，它並不是真的一定要是很傑出的完美設計作品，而是具有一種情親的感動在裡面。

讓心回歸自然
打造一個安心與淨心的好宅就是豪宅

一個家的凝聚力跟向心力,主人的心靈思想才是真正的關鍵,因此把客戶想要做裝修的真正動機,把家庭情感故事背後真正的點找出來,這才是一個居家環境空間設計怎麼樣去塑造和融合的基底,從這個方面去發揮,才會保有這個家的精神與意義的存在。

又如有一對夫妻他們遇到很大的困難~家中的物品過多,造成他們生活空間凌亂,平時就非常珍惜與念舊的他們,擁有節儉的美德,許多東西捨不得丟,所以當初面對這個案子其實自己也會擔心,因為他們所給的預算非常有限,我不知在這麼精簡的狀況之下,可以做出什麼成果,考量新舊的融合,要如何讓新家具和舊家具在同一個空間裡能夠展現協

調？怎麼把一個有時間歷史的東西和新的東西可以搭配在一起？

原有舊的磁磚不動之下，我利用色彩的構思去營造它的協調性，加上舊沙發也不動，愛狗的他們希望舊沙發以目前縫縫補補的方式繼續維持存在，因為狗狗喜歡去咬布沙發，即使換新狗兒一樣會想咬，於是他們就用拼布的方式將墨綠色的皮沙發縫起來，為了搭配另一套實木的舊電視櫃與80年代的舊壁磚，還特別挑選了復古刷舊木紋的系統板料特製他的餐邊櫃，再巧妙的以事務鐵櫃來當餐邊櫃，在磁磚面上以牙條螺絲鎖上實木層板當展示架，搭上暖色調的乳膠漆牆面襯底。

最後的呈現可算是一個真正獨一無二的家，因為有著獨一無二的家具與主人的用心，客廳餐廳區在這棟透天厝中反而成為他們一家人與客人最喜歡停留的空間，一改之前晦暗溼冷的一樓客廳。

　　這個案件完成讓我覺得自己身為設計師的角色真的就是在從旁輔助他們轉變,讓他們家人可以喜歡在家過得更舒適的目的。因為她們家以前的亂,其實就是沒有做好收納而己,而我協助她做好收納的完整設計,讓她以後整理家務更節省時間。

　　重新讓一個家的空間環境變得整齊,我發現裝修設計的完美不一定真的需要「重裝修」把它改成全新的,其實只要打造出一間可以淨心、安心的好宅就是豪宅,就是正向能量的屋宇,自然就能提供家人住的健康、快樂、自在,就有它的完美價值呈現了!

4-4
居家展現主人的個性，設計其實要了解人、要與業主同心

　　完美的設計並非只是純粹展現美麗的空間成果畫面，每一個人都會有他自己的心境呈現，一種專屬於自己的獨特性。嚴格說起來，現代居家設計，即使在同棟大樓社區裡，一模一樣的格局，只要是不同主人，每一個居家裝潢最後所完成的作品也各不同，而我們就是「客製化」這些單品的幕後推手，貼近客戶的想像空間，將他們的夢想藍圖具體且更完美的呈現。

女主人的努力與用心流露出的感動

在裝修設計的領域中,不只是空間圖面的設計可以如何表現,加上師傅的工法和技法很多,所以怎麼做居家實務上的裝修反而不是特別要去強調的重點,裝潢和家具這些看得到的東西可能用錢去買就有了,但是有一些情感的東西是用錢買不到的。

一位任教女老師的委託案件,要求我們幫她在玄關地坪裡頭埋入168個的銅板,同時也請我在樑上埋一根釘子。

她這種在風水佈局精心的特殊用意,一般人會不理解其中道理何在?但她的出發點其實就只是單純希望他的先生可以更好,因為她的教職工作,其實可以算得出自己一輩子能賺多少錢,但是她的先生不一樣,她的先生是在企業體,

所以如果家裡的風水好，能為她的先生加分，使他的先生在事業上更平步青雲，她跟孩子也會受惠，這是她對家人用心的出發點。

這份凝聚力也反映在她們的餐桌之上，家人們在用完餐之後，孩子們的功課、先生的工作、她的閱讀和批改作業，大家都在此空間完成，而家的凝聚力就由此而生，點點滴滴流露出她和這整個家庭空間的情感，深深讓我感受到她其實就是這個家的真正靈魂。

但在我設計師的觀點反而是她的善良與用心蘊染了一家人，其實她每個月都默默的用先生和家人的名義，捐助給弱勢團體，她常提有多少能力做多少事，這份身教，我想孩子們都看在眼裡。所以接下來第二個房子，她也想延續這樣子的感覺，甚至更加強她們家裡的風水佈局。

我也是因為這樣而被感動，以專業的建議搭配女主人用心查閱各家風水之說，融合出最適合他們家的好風水。

　　這些故事背後的點,都是每一個裝修設計師與業主之間更值得相互了解的地方,也才能真正呈現一個新家真正「對」的面貌。

蕾絲與紗的溫柔、花與自然的對話

　　另有一個對於蕾絲跟紗特別有感覺的阿姨,她的玄關就是用花卉主題的磁磚來做裝飾,她房間牆面的壁紙和窗簾也是向國外特製的紗以垂蔓的主題織成一幅畫。

　　業主喜歡柔的東西,就是想打造出溫馨舒適的空間環境,可以讓她很放鬆,而她的衣櫥收納量就要很大,她白色系棉質蕾絲的同系列上衣可掛滿 240 公分的一整排衣櫥,色調一致性卻又具個人風格的穿搭,也顯現在她的工作上,化繁為整的能力,使她有更多屬於自己

的時間安排去渡假，優雅的生活步調也顯現在她挑選的傢俱上，一般家庭很少會選用紫色來做客廳的主沙發，但她卻特別請國寶級的老師傅為她特製一款紫色的沙發，她不追逐潮流，而是完全忠於自己的愛好。

在溝通初期，她先讓我們徹徹底底知道她喜歡什麼，之後全權交給我去幫她發揮，整個裝修工程的階段她從來不曾進到工地，她告訴我，她在等待驚喜，完全不干預我們做什麼，色樣部份反而是我堅持要交樣請她參與挑選，之後她們家的其他決定就從頭到尾很放心的交給我們。

為她進行裝修的過程，我們其實就像是在幫她尋找打造一個專屬於她的生活世界，依照她的特質去尋找她喜歡的家飾，我們分別去找的都不是傳統的家飾供應商，有些裝潢與裝飾的素材，甚至是源自於她自己的嗜好而接觸熟知配合的廠商，這也讓我們接觸到更多特別的選項。在未

來裝修設計其他新的案子時,有了更豐富多元的素材做為應用。

我最後深深覺得她的裝修案例,其實是透過了她的獨到眼光,將許多的資源結合在一起,自然讓許多廠商協力配合,因她而組合出一個專屬於她的家飾團隊。

4-5
室內設計「整體全局」
的思維是什麼？

　　在這本書裡談室內設計，並不是要展示個人曾經做過的作品集給大家看，不同於居家設計雜誌展現照片讓你目眩神迷，而是用文字細細地讓大家能夠真正深入的認識室內設計是什麼？

　　前面案例呈現每一個業主的裝修設計都有一個動機甚至是精神，賦與裝修設計的意義都是出自於「人性」。可以讓你思索畫面，你花費可能一輩子的心血擁有了一個家，應該怎麼樣替自己的未來生活做什麼樣的環境與空間的規劃？怎麼做適合的設計才是最恰當的？

「溝通」是彼此信任安心的橋樑

(給新手設計師的提點)

因為裝修的工程並不是一般「銀貨兩訖」消費或服務,它要經過一段期間的工程施作,只要是有時間性的契約關係,業主在過程之中一定會有不確定性的心態;工務承包的業者也會有對上、對下的許多不確定因素要去管理、協調、調度……在這麼多不安與不定的主客觀因素及條件中,小誤解都有可能變成大紛爭,因此切不可隨心忽略大意,不論大案小案或時間長短,在合約施工期間,設計師所扮演的,必須是那個能夠幫忙排解疑難雜症,穩定軍心的角色。

溝通了解除了業主客戶這方絕對是必要之外,好比如果像是裝修施工的時候,對於監工的部分,我們也要去了

解每一個師傅、每一組工班的個性和專長,並且必須去做一個調配,因為有時候在施工的時候,業主也會在現場,畢竟在裝修工程中,師傅許多習慣的工作術語和設計師與業主溝通方式的語言是不同的,為了避免其實是同一件事情卻因為溝通不良、產生彼此訊息的誤解,多一點用心,可能急性子的師傅,就跟講求效率為前題的業主比較能夠溝通,相反的,如果業主個性嚴謹是很要求細節的,那麼寧可搭配一個慢一點但要更細心的師傅。

因為裝修整體來說就是一個服務,不是工作做完就好,過程才是服務品質好壞的關鍵,若是業主和工班彼此之間有一些溝通上能留下好的印象,那麼對於整個施工的評價也會有所加分,這不一定是單指品質上面,而是整個的服務、滿意度的相乘效果,日後客戶也會更加願意分享這群裝修團隊的服務品質讓親友知道,形成一種正向循環的氛圍。

判斷階段性需求，你未必現在就做

(給消費者的提點)

　　像是新買一間房子，是不是就真的要立刻找一個室內設計師來為你做裝修規劃？其實這個說起來也是有階段性的。以年輕的首購族來說，買房已經不容易了，而要再額外拿一筆預算來做整體的住宅設計規劃，實在更不容易，當預算不足的時候，你可以用居家的擺飾，或是組合櫃、燈光來做點綴，也可以營造出一個舒適的環境。

　　年輕族群首購之時，因為未必對居家有切確的想法，如果對於居家的空間、美感與實用性的概念還沒有清楚的輪廓，找設計師設計出來的，未必可能是真正適合你的。

　　而當你擁有房子，並且又有了換屋經驗之後，各方面又有了階段性的成長，此時擁有更多的預算購置房產以及

佈置居家，那麼就可以考量請設計師來為你的居家營造出一個最適切的環境，因為這時候你已有充份且明確的想法，可以清楚判斷出一個自己喜歡且最適合的居家風格，再與設計師來討論你對家的適切需求，才可以精準明確的呈現需求而不會失真，甚至選擇環保綠建材做到更優的裝修品質。

因此，先了解你現在是什麼樣的階段？適不適合找設計師來幫你規劃居家裝修？找到你最適合的？要或不要？什麼才是對你最實際的？

而居家終究也是地球環境的一部分，未來環保、自然元素與綠建築的概念，將是建築裝修重要的趨勢。消費者居家階段性目標，未來追求的不該是豪宅，而是以環保建材打造的綠建築，兼具空間與品質升級的健康安心好宅！

PART- 5

展現一瞬之間
留住光影的科技藝術

Loki 洪承欣

同樣是一種「視覺」的表現，如果用藝術的眼光去鑑賞，我們在評論一幅畫作時，通常會從它的材質、年份、作家，三個大元素去看創作者他本身的故事，然後去想那個年代可以用的技術，跟創作者那個時候為什麼要使用這個材質？先初步評論這個畫作執行的困難度，再來去看這個創作者的人生際遇、生活情感之中發展的故事，然後去探討這個作品所產生的意義是什麼。

　　一幅畫作它是經過時間慢慢堆疊呈現出來的，在作畫的過程中，是畫家在畫紙上將色彩一點一點、一塊一塊地加上去，它是慢慢地用時間、用技巧、用情感……去豐富出作品構圖的。而攝影在快門「咔嚓」的那一瞬間，就決定了一張攝影作品的生命，呈現出的是好、是壞？

以功能和目的去看一張照片，若是婚紗美不美、商品夠不夠吸睛、新聞傳達的意思到不到位……快門抓下那一瞬間的畫面，結果成或不成、能不能用，一張照片的命運也就瞬間當即立判了！

　　攝影師與畫家的最大差別，攝影師考量的是那個快門的瞬間，是思考的過程在前，成果就在快門按下的那一瞬決定了，就是要有能力去抓住那瞬間光影所保存下來的畫面，否則那一瞬的結果和預先的想像佈局便失真了；可是畫家可以是在一種創作與思考的過程之中同步進行，不斷的去添加構圖中的內容跟畫面。

5-1
攝影可以是一般人的興趣，我把它視為我職涯上的「路」

　　大部分會從事攝影這個行業的人，多半是因為「興趣」，所以很多攝影師的際遇都是先在一般行業領域工作之後，因為不滿意、因為想要突破自己等等的因素，後來才為了追求興趣而進入攝影這個圈子裡，所以幾乎每一個人都會問我：「從事攝影是因為興趣嗎？」

我的回答：「不！不是，我的興趣是"會計"！」

我能想像你現在一定很錯愕，但你決不是我唯一感到錯愕的聽眾。

對！我的興趣是會計，包括我大學唸的也是會計系。

明白個人職業與興趣的分野

以前的我覺得拍照就拍照，不太會跟客人或業主聊我個人的出身以及私領域，因為一來，怕模糊別人對我作品專業性的焦點，二來，如果一講，話題則太具有衝擊性，每一回必然都引發別人對我的好奇，然後解釋不完，又繼續說下去……

但現在既然選擇做一個攝影師兼攝影教學顧問，不只是「拍」攝影、也「教」攝影，不論呈現我的作品，或是

傳達我拍照的過程，我很樂意分享我自己的故事，讓大家
能夠更認識我！

　　大學念的會計是我的興趣，可是我在想我的職業生涯
也不太可能就坐在辦公室裡頭「朝九晚五」這樣過一輩子，
後來我覺得我可以把攝影當成我的志業，朝這方面去努力
也不錯，所以在那個時候我就開始學平面設計及動畫，還
有影片的剪輯、導演與製作、製片方面的工作。

職涯一早就抉擇，把攝影當事業

　　我和一般人在職涯的道路上比較特別不同的地方，是
一般人可能會有「選擇」與「轉換」跑道的過程經驗，大
多數人的職涯可能會在某個固定領域當個上班族，然後做

到煩、做到膩、做到沒有路了之後才去轉換一個跑道，所以業界許多攝影師也是從其他領域轉換進來的。

因此，攝影這個領域，大多數人入行過程的經驗，都是先從興趣慢慢走到比較專業或藝術性，最後才會定下來全職從事攝影的這份工作。但我是一開始就選擇了它，這個普遍被大眾所想像屬於比較特殊的領域，不太可能是一般社會新鮮人一開始就有辦法能靠它餬口的現實競爭選擇，但我是在學生的時期就已經創業了，我在大學的時候就成立了工作室，所以我的職涯是沒有經過銜接、轉換，而是直接就以攝影來當做我的飯碗，從事這個事業的。

我在高中的時候就在玩社團、玩音樂，高中升大學的那個暑假我買了一台相機拍著玩，因為學長是拍音樂會的攝影師，知道我很早就在玩樂團，所以學長跟我講說，既然我自己也玩樂團的話，那麼如果去拍音樂會，應該特別會有感覺，也抓得到攝影的畫面。所以我一開始就是在拍音樂的，由於音樂是在舞台上的一種展現，因此演出者對

於一些服裝、道具，都會很講究，我為了配合現場，基本上也會穿著西裝去拍照或攝影，這也變成了我的習慣，連我後來去拍婚紗、拍婚禮的場合，我也都會穿著西裝去工作，於是許多新人就會覺得我這個攝影師還蠻特別的，跟其他人不太一樣。

攝影入門的經營

最早我是由「紀實攝影」開始拍的，因為拍「紀實攝影」的經驗與習性，所以我的畫面會比較能夠抓得住瞬間的感覺，而且可以抓住這個瞬間感覺的情緒在裡頭。

現在主拍商業攝影，我會注意一些瞬間的細節，再加上我喜歡看電影，也寫電影的評論，所以在攝影的構圖、

畫面故事的舖排，很多元素會是從電影中模仿而來的，我覺得電影的欣賞也是一種美學的鑑定，因為我在寫電影評論的時候，就會把動態的電影跟靜態的攝影去找出關聯性。

在音樂圈我算小有名氣，也因為常看國外的街頭拍攝作品，所以我拍出來的照片會比較有時尚的味道，我對於影像即時的瞬間可以抓很漂亮。後來因為音樂圈的拍攝費用實在不夠，所以就拍攝廣泛的商業攝影和雜誌。

攝影算是一門專業項目，可是一個專業項目的從業人員，到底專不專業？不是自我感覺良好，自己說了算，專業的評價是在作品的呈現，但在別人沒有看到你的作品以前，一個攝影師的專業要怎麼樣展現？不能單只活在作品裡面，因此「攝影作品」和「攝影師」，兩者都要經營，也就是除了拍照之外，自己也要經營自己、展現自己。

多半的攝影師都是穿著 T 恤、牛仔褲，可是早在我拍攝音樂會活動時，我就養成自己也穿著西裝去拍照攝影的

習慣，反而因為自己工作時的正式穿著，有一天，被一位知名的西裝部落客，看到我這個攝影師還蠻特別的，而且拍得不錯，所以就固定跟我配合，我就成為早期西裝部落客配合的一個攝影師，他部落格裡的照片都是我拍的，當時他在「Suit walk」所發表的評論，於服裝界是非常具有影響力的。

因為這個經歷讓我自己被看見，既使後來這個部落客未再與雜誌繼續配合之後，其他許多的部落客還是知道我這個攝影師，慢慢後來我也自己開始寫部落格。也是因為這樣子，我對於攝影的風格和服裝的定義，以及攝影方面的題材，就從文字上面的洗鍊跟堆積，也真正投入了所謂的專業領域裡頭，那時候也持續在管理他們的西裝版，於是就時尚的部分，我一直接觸的都是專屬於男性的時尚部分，後來一個雜誌的總編輯，邀請我開設專欄，於是也進入到商業雜誌的這一塊領域，每個月也就有了穩定的基本收入。

5-2
攝影的市場地位與作品美感的技術養成

作品的水準是什麼？如果攝影作品不是純休閒，是要別人花錢付費請你拍或直接跟你買，那麼你拍出來什麼就是要像什麼。

例如你拍的作品要求的是時尚，那麼你拍出來就要像是雜誌的封面，而且真的要像是國際版面時尚雜誌能夠用的照片，如果你拍得出這種程度的作品，放到全世界都可以被接受。你就不怕會沒有案源，自然會有人來找你拍，只要把作品拍好，就不怕沒有人看到。

商業攝影市場競爭需要具備的能力

攝影可能是一個藝術，但擺在商業的部分，攝影是一個工具。有些人會覺得好奇，為什麼你的商業攝影費用要這麼貴？這麼貴的原因就是因為你做不到，而我做得到。

在這個商業領域當中，如果商業的目的，是把攝影當做商業的其中一個工具，那麼攝影就是要把商業的目的做到好，拍攝工作跟作品，就不能只是所謂的拍照而已，而是你要把商業的模式跟商業的目的去真正了解，這或許也是我跟一般攝影師所不同的地方。

◆ 了解客戶的商業目的

我因為所學和興趣是會計，也懂得商業模式，知道這些老闆自己會想些什麼，但如果是一般的攝影師，可能不

理解商業的模式跟目的，單純只會覺得說，攝影歸攝影、專業歸專業，他的工作只是把照片拍好就好，那麼商業攝影的真正目的可能就沒有辦法做到最好，也就是沒有融合你攝影的作品與產品的商品特質，未必能夠真正把商品賣得好。

◆ 作品的品質要夠好

所以身為一位專業攝影師，所拍攝出來的品質，也要能夠有在業界生存的價值，一個問題就是說，哪個專業攝影師的業務、行銷能夠做得好，如果他拍出夠好的作品，那麼也比較能夠接到比較多的 case。

◆ 自己本身的業務能力

攝影工作者一定要具備業務能力，不能只是單純把照片拍得好而已，只是單純拍得好，跟你的商業成就並沒有相關。如果你只是堅持「藝術」之攝影方法，將作品拍好

看，你沒有業務能力，也是很難支持你的競爭跟生存的能力。

◆ 計劃人際活動曝光的頻率

可能也跟我長期以來對於會計領域的興趣相關，就是我很清楚攝影跟商業之間的關係。我的作品跟我的興趣應該要怎麼樣去創造我的生計？讓我在收支上面能夠有一個所謂「穩定」的待遇，這也是一種因果的推論，也就是說，如果說我這個月的 case 無法讓我維持生活下去，那麼是什麼原因？為什麼不夠？可能表示我上個月的行銷活動做得不夠、可能是上個月太少去聚會、或者是參與其他的活動等等的接觸少了，所以在這個月的時候，就會沒有案件進來。

成為攝影師的條件

　　真正大師能夠拍出來的作品，不是一般新手入門就可以觸及的，而是真正經過了十幾年一個養成與培養。其實大師能夠拍出來好的作品，不僅僅只是技術而已，最主要的還是人生、在生活點點滴滴的實際體驗。所以拍攝出來的作品靈魂，就是一個攝影師個人的一個風格，其他人是模仿不來的。

　　雖然模仿不來，但是攝影的學習要更精進，還是從最基本的模仿開始，透過閱讀會是很好的一個養成，我個人對於攝影書籍的閱讀，其實主要是在個人的傳記和作品集，再來才是工具書。

　　一般從「技法」角度去講究，同一個畫面可以有很多

的做法，但是攝影大師為什麼要用他所呈現的畫面？這些畫面應該是有一個真正的想法，而不只是靈光乍現的一個作品而已。所以我們在平常所拍攝的時候，有一些靈光乍現，這也一定是你有一定程度在日常生活中的感受跟經驗，才能夠去抓住那個一瞬間的感動與感情。

所以攝影入門的工具書，我反而覺得照片攝影的作品輯並不是最重要的，雖然它是讓你獲得攝影基本美感概念的來源，但其實你只需在網路上看照片，就會有很多攝影的專業網站，提供很多很多的圖跟照片，你可以從這些作品上面的構圖與佈局模仿學習，可是如果要讓你拍出有靈魂的作品，最後還是要看紙本，閱讀文字的吸收，透過文字內容的汲取才能真正吸收成為自己的。

特別像是攝影家的傳記部分，內容傳達就會是一個攝影家的精神所在，當你認識了解一個攝影家之後，再去欣賞他所拍攝的作品就會更有感觸。

從模仿中學習，自然呈現風格

透過攝影家傳記，你就有可能去獲得一位攝影師十幾年所培育出來的攝影過程，以及他的美感經驗累積。在看書的過程中，你就會去思考：「這樣的故事到底是什麼？我未來想要成為什麼樣的攝影家？」

同時透過了解這個攝影家的機會，對於一些代表性的作品去分析，他當時拍攝的時候，是什麼樣的環境、什麼樣的心境，就能夠從畫面跟故事中去體會出作品的靈魂在哪裡？這跟一個作品所呈現出來的背景目的，還有拍攝的手法跟佈局等等都有相關。

從初學到有經驗，攝影師其實都是靠模仿來增加自己的攝影技巧。就算已經是攝影大師的人，也會經常去看別

人的作品，或是欣賞攝影同儕的作品互相參考學習。所以初學者一開始不必想說，我會不會因為模仿他，以後真的就變得像他一樣，那以後我是有什麼特點？

初學者有時候就是會想太多，其實不需要擔心這樣的事情，就算百分之百按照別人的攝影手法去捕捉同樣一個畫面，因為你不是他，他也不是你，而且你並猜不出他的靈魂，相對的他也猜不出你的東西，所以不用擔心模仿到某一個階段之後，你會變成跟某某人一模一樣，沒有這種事情，時間經驗的累積反而是自然而然，你會形成你自己的風格。

5-3
攝影生態的競爭與舞台機會的業務能力

攝影工作是要看商業的需求，而不是把一個東西做好看而已。把一個東西做好看，是做好一個接案開始的基本條件，可是客戶有他的目的性，你必須把他的商品做好、拍照可以賣得出去，這才是一個基本的概念。

只是單純拍得好，跟你的商業成就並沒有相關。如果你沒有業務的競爭能力，也是很難支持你生存下去的。

攝影市場生態圈的競爭條件

攝影的生態其實很特別，它是一個很明顯的「M型化」生態，很少能夠看到屬於中間值、中價位的商業攝影，攝影的價位不是很高、就是很低，當別人拍不出來的質感你要就是很高的價格，但也有一大堆隨隨便便就可以拍得出來的那些的初學與競爭者。

這一行的入門，要建議新人的是，一個攝影師跟攝影藝術家，他們可能都會拍的很好，但是一個真正好的攝影作品，跟攝影工作者還是不一樣的。

一般在攝影的職業生態之中，多半都是必須從攝影師的雜工助理開始做起，然後真正跟到一個大師之後，才有可能會接觸到拍攝雜誌的領域。很多人以為只要從婚紗或

外拍起家，慢慢可以接觸到各別不同的攝影區塊，但現實上當他們走進來，比方接觸到的是婚紗，他可能就在婚紗人像攝影的領域，一直持續不變，而決定了攝影生涯的命運了。或者是說，當他入門在某一個攝影的領域，就在那個市場領域裡頭定型，這樣其實並不能走出一個真正廣泛的攝影市場。

不能真正走到攝影的廣泛領域，是沒有辦法真正的深入或是提升到攝影的「專家地位」，而被定型在某個領域的攝影生態之中，其命運和待遇也是蠻兩極化的，像是一個 M 型的市場，真正專家的部分稱得上是大師，他拍出來的等級，會是一般人所沒有辦法真正拍得出來的，因此索價的待遇可以很高，而另外一塊也就是比較一般性的作品，可能取代性就沒有什麼特別的差異了，像這些的競爭價格其實也都非常非常的低。

我會覺得未來攝影的領域應該是一個「L 型」，只有好的，沒有壞的。只要是能夠稱做攝影師的，他的作品水

平就一定是高的，我反而會比較傾向於這樣，而一般的攝影、一般的興趣，他可以拍到一定的水平，但是真正的攝影師的作品水平，就一定是有高水準才能夠符合他的價格跟價位，真的夠格被稱作是「攝影師」，因為「攝影師」畢竟是「師」字輩，而不只是「攝影」而已。

攝影職業的認知與定位

真正成為一個職業的攝影師，未來只有兩條路可以選擇：一就是提升自己往上走、不斷精進自己的才能；另一條路就是放棄，不要再做這一行。

我認為，如果你認定你要當攝影師，那麼你就不要把自己定位在屬於低階的市場，因為低階的市場，也就是我

說，生活上一般人也都能夠拍出來的東西，你如果選擇的是一般的低階市場，你是沒有競爭性的，而且被取代性及汰換率非常的高，你自己也不能存活，生存不下去。

雖然攝影本來就是生活化的一環，但就攝影的商業角度來說，仍然有它一定專業的領域，這並不能抱著一種心態，好像只要買台專業相機拍照的人，就可以自稱為攝影師了。就好比其實有很多人都會講英文，但是除了學校以外還是會有其他許多的英文老師一樣，這就也是區分出「生活」與「專業」的不同區塊的市場需要存在。

人要有自知之明，不是只要有了攝影器材，定位自己在低階的市場，就認定自己也是可以靠攝影餬口的「師」字輩了，有的時候這些對「攝影師」定位模糊的觀念，也產生了社會上的一個迷思。

所以我最終要追求的還是商業上的層次，如果商業的層次成功的話，就可以為這個攝影的圈子，說一些話、做

一些事，我希望可以改變攝影生態目前的一些奇怪現況，改變一些人的錯誤觀念，不要覺得自己買了比較貴的專業相機，就認為自己是攝影師了，真的要成為攝影師，是你應該有一定的程度，必須要有作品可以被委託人接受，到你可以取代上班的工作成為攝影師的程度，而這些，都必須經過時間的積累、美感的培養與經驗的敏銳度，是不可能一步登天的。

5-4
生活攝影與商業攝影的各自分野

　　我觀察到生活中確實有蠻多比較小型的東西，如果用一般的攝影機就可以輕易做到，甚至用手機也能呈現不錯的作品畫面，那麼就不需要去浪費太多的資源在非商業目的的攝影上面了。

　　因此我本身也是希望攝影是一般人都可以接受、接觸的一個休閒藝術，而不要說我是攝影師，那麼你們一般人就不能去拍照，也一定就拍不出好的作品。

器材設備多元性，風格取決在「人」

　　現在拜科技所賜，相機的品質愈來愈好，包括手機照相的功能也愈來愈強，一般性的攝影，也對商業攝的生態造成衝擊。

　　攝影的作品，怎麼樣評價？在影像這麼普遍、這麼方便可以創造，且傳播性和數量也如此龐大的數位時代，當我們可以看到愈多照片和愈多畫面之後，我們愈能發現一件事，就是縱然每一個人隨手都會拍照，可是同一個場景、同一個主題，每一個人拍出來的照片還是都會不一樣，那麼也就更加證明出一張照片的生命，它的風格、它的特色……它所被賦予的靈魂、意義與價值，真的還是取決於攝影師、取決於「人」。

手機生活攝影也是一個很好的話題，從 iPhone 7 plus 配備曲鏡可以單眼效果的呈現後。手機影像真正開始進入到非常好的一個水準，不光是手機本身的功能一直在改變與進步，其實現在有很多 APP 的軟體，就類似許多女生都喜歡用手機的美肌功能來自拍，拍完之後就是正妹，可以改變光圈大小、也可以事後對焦，像這些 APP 就可以改變你構圖的效果，它跟器材沒有特別的關係。不管你所用的手機是哪一家的品牌，任何的牌子的手機其實都可以拍出一定水準的風格，並沒有所謂不好的手機，唯一的差別就是，你會不會選擇焦距？

　　像是某品牌的喜餅在作商業攝影時，喜歡拍人物特寫，就是背景模糊、頭像很清楚的那種，如果你用廣角鏡頭，就必須把鏡頭拉到貼在人臉的正前方，才有可能產生出來那樣的效果，但你又要同時顧慮到畫面不能夠變形，這時候器材選擇上的問題，就很重要了。

　　所以你如果要用手機拍攝，如果是學過一般的單眼

相機，你應該會知道要用單眼的哪幾種效果，你只要知道單眼它的幾種功能效果，就可以用手機去拍出很藝術性的作品。

攝影取景的方向角度算是各種光線設計、場景設計、美術設計的佈局，假如你會設計的話，那就可以用手機單純的拍出來，很多的手機可以去控制自然景深，或以特效方式修補成自己想要的拍攝氣氛，對於人像的效果可以拍的很自然。

讓商品賣出去，也讓自己被看到

從我的教學來說，我可以教出很多的素人攝影師，但我覺得還是要把專業的能力，回歸專業層面來討論，因為

如果一些廠商覺得商業攝影用手機拍一拍就好，那我就乾脆把你的員工教會用手機拍照就好，他們以後也就不需要去找攝影師，要有怎樣品質的水準、呈現出來的效果，都是有差的。

大部分的老闆，在商業攝影的領域之中，多少也都是會想能省則省，我能理解這些企業想要省錢的思維，那麼我就可以幫助他們，去培養他們的員工學習一般的攝影知識，如果學習過程的事後，他們真的覺得很難或是他們真的沒有辦法負責拍攝的商品，我可以幫他們拍，遇到問題時，我再出馬，這是一種結合攝影與教學的工作型態。

攝影存在的兩極化部分，說得簡單一點，一個就是生活、一個就是商業。以照相紀錄生活是一種簡便的方式，有時候一張相片比一大段文字更能說明一件事情的完整性，比如說去哪裡玩、吃什麼、穿怎樣的衣服、看怎樣的風景等，像這樣生活的攝影，我簡單就可以很快教會一般人如何使用手機，也可以拍出很有藝術水準的照片。

　　而另一方面，像是商業的攝影的範疇，它包含構圖與產品設計，和如何完整呈現出商品的特點與價值，拍出來的東西是否吸睛、有質感、美感，要時尚感或是文創風、消費者是否願意買單等考量因素，這些都需要專業的「攝影師」，而我可以幫你拍出真正可以賣得出去的商品，這就是單純「攝影」與「攝影師」的區別。

　　喜歡攝影！不管你是興趣，或是當職業，希望由我的經驗分享，可以讓您認識這個迷人的藝術和工作，也有很多元的技術要去累積學習，更要用健康的心態來尊重對於自己的熱愛。

附錄-『素人新時代』業務人脈交流匯

楊皓霖　Henry

講求效益的程式設計師，由「職家關係」研究的邏輯延伸至商業市場之網銷規模效益經濟，協助小商建構個人品牌行銷平台。

林芯慧

如果失業經濟斷炊很可怕，那麼疾病更是家庭幸福的殺手！穿戴行動科技提供了健康感知的雲端數據，讓個人健康與樂齡照護都得到最好的預警防範。

簡肇佑

政治是管理服務眾人之事，出身基層政治家庭最能體悟人脈意義，關係不代表商機，提供整合資源顧問媒合，真心服務才是人脈商機的真諦。

莊詠安　Katy

居家裝修設計師，重視家庭情感與人情味的空間設計師，分享的是每一個「家」與「人」的故事，做顧客的朋友、把顧客當主角，呈現設計最真的原味。

洪承欣　Loki

專業攝影師，同時也是男性時裝雜誌 Model，被別人拍，同時也拍別人，最能抓住動靜中的光與魔幻，呈現商品畫面情感與人物個性瞬間的特色。